現代思想の冒険者たち Select

ドゥルーズ

ノマドロジー

Gilles Deleuze

篠原資明

講談社

本書はシリーズ「現代思想の冒険者たち」
25巻『ドゥルーズ』の新装版である。

装丁——高麗隆彦

まえがき

一九七〇年といえば、大阪の万博で始まり、三島由紀夫の割腹自殺で終わったというべき年である。その年に大学に入学したぼくにとって、やはり三島由紀夫の死のほうが、強烈な体験だった。四十五歳という若さで亡くなったこの作家の体は、鍛えぬかれていたこともあって、十歳は若いと見積もられていたものだ。

それから二十五年たった一九九五年、ひとりの老哲学者が、よぼよぼの病身をおして投身自殺をした。享年七十歳。奇《く》しくも、ぼくが四十五歳の年にあたる。ある意味で異様な死を選んだ、この二人は、実は、同じ一九二五年の生まれだった。ちなみに、ぼくはその二十五年後の生まれである。

つまらない年数遊びをしていると、笑わないでほしい。この二十五と四十五という数をとおして、ぼくはこの二人に不思議な因縁を感じているのだ。ただし、熱烈な心酔者というのとも違う。そのほとんどの著作を読破し、そのつど強烈な感動を覚えながらも、どこか距離感が残る、二人は、ぼくにとって、いわばそんな作家であり、思想家であり続けている。

ドゥルーズを知ったのは、大学の最終学年のこと。ひとつは、ベルクソンを通じて、いまひとつは、サドを通じてという、いわば奇妙な出会いだった。ベルクソンで論文を書こうとしていたぼくにとって、原書で百二十頁ほどの『ベルクソンの哲学』は、その手ごろな薄さゆえに読み始めたという、なかばは不純な出会いだったし、サドに夢中になっていたぼくにとって、すでに翻訳されていた『マゾッホとサド』は、手っ取り早い読み物と映ったわけだ。

結果は、どちらも、みごとに予想を裏切られたといってよい。『ベルクソンの哲学』は、それ以後に読んだ多くのベルクソン研究書に比しても、はるかに質の高い、凝縮されたものだったし、『マゾッホとサド』にいたっては、興味本位の読者をはじきかえす本格的な論考だったのである。

以後、この哲学者の著作に対して、断続的ながら、そのつど、集中的に読みついできた。いまでもある種の高揚感とともに思い出すのは、大学院に進学してまもなく、ドゥルーズの主著といえる『差異と反復』、『意味の論理学』の二冊を原書で読み進んだときのことだ。

語学がそんなに得意でもない人間が、集中して原書を読むのは、いうまでもなく、つらいこと。そこで、当時夢中になっていたミニマル・ミュージックを聞きながら、いわば音楽の勢いを借りて、読むことにした。ミニマル・ミュージックとは、短いフレーズを繰り返しながら、ずれを楽しむという音楽で、一九六〇年代の後半から、世界的に広がり出したものだ。

短めの文をつぎつぎに繰り出しながら、たたみかけるように思考を語るドゥルーズの文体に、この音楽は、みごとに共鳴してくれた。理解度についてはあやしいながら、二冊の大著を比較的短期間で読み終えることができたのは、ミニマル・ミュージックのおかげだと思っている。いまでも、この二冊のどちらかをひもとくと、たとえば、スティーヴ・ライヒの音楽が、どこからか響いてくるほどだ。

でも、ドゥルーズとのつきあいは、そんな楽しい高揚感を伴なうものばかりではなかった。八〇年代になって、ニューアカと総称される人たちが、ドゥルーズを華麗に使いこなして見せ始めたころ、ぼくは、ドゥルーズとガタリが精神分裂症とのからみで言及する自閉症のことを、気にせざるをえなくなっていた。ほかでもない、自分の子供が、その傾向を見せ始めていたのである。結局のところ、子供の自閉症については、ぼく自身、なんの力にもなれなかったが、自閉症の子供、ひいては精神的な障害を負った子供たちに対して、ある種の優しさをもてるようになった理由の一端は、『アンチ・オイディプス』と『千のプラトー』にあると思う。

このように、いろんなかたちでつきあってきたドゥルーズの思想に、消し去りがたい距離を感じ続けたとすれば、それはひとつには、途方もなく大きな存在を前にしてしりごみしていたからだろう。ドゥルーズを読んでいると、金属質の波動につらぬかれ、とんでもないところにまで連れて行かれそうになる。それほどに強い思考のスタイルをもつ人は、今世紀にはたして、どれだけいることだろう。

誤解を恐れず、また立場の違いを承知のうえでいえば、ある種のスタイルの強さによって、ぼくの中でドゥルーズと三島は通底する。

本書は、また別の意味で、ドゥルーズに対して距離をとろうと思う。それは、えてして拡散しがちなドゥルーズの独自性を、できるだけ明確にしようというねらいから来る。それがうまく行くかどうかは、別問題だとしても。

なお、本書での引用に関して、邦訳のあるものは、基本的にそれに従うことにしたが、訳語の統一、文脈の都合などにより、適宜、変更を加えた箇所もある。ここにあらかじめ、お断りしておく。

ドゥルーズ

目次

写真提供・協力

朝日新聞社
PANA通信社
WWP
講談社資料センター

現代思想の冒険者たち Select

ドゥルーズ——ノマドロジー

ジル・ドゥルーズ

序章

逆説的な思想家

Deleuze

1　逆説的な哲学

自然の哲学への傾倒

誰であれ、ひとりの哲学者の肖像は、その著作目録を見ることで、ある程度、粗描されるものだ。ジル・ドゥルーズという哲学者についても例外ではない。ドゥルーズ自身が自らの著作として認める一九五三年以降のものを追ってみると、まず目につくのは、古典的な哲学者に捧げられた書物が続くことだ。『経験論と主体性――ヒュームによる人間的自然への試論』（一九五三年、木田元・財津理訳『ヒュームあるいは人間的自然』朝日出版社）、「ベルクソンにおける差異の概念」（『ベルクソン研究』四号、一九五六年、平井啓之訳『差異について』青土社）、『ニーチェと哲学』（一九六二年、足立和浩訳、国文社）といった具合である。

二十八歳という若さでヒューム論を出すというのも、ある意味で奇妙なものを感じるが、それ以上に、これら三人の哲学者が指し示すものに思いいたらずにはいられない。それは、「自然」としかいいようのないものである。

ヒュームの主著『人間的自然論』、『自然宗教に関する対話』に見える「自然」についてはいうまでもないこととして、ベルクソンもニーチェも、ともに生命的自然の思考者だったことを考えればよい。

一九五三年から六二年までを探れば、ほかにも、たとえばパリ大学で五九年から六〇年にかけて行なった講義で、ドゥルーズはルソーをとりあげているし、六一年には「ルクレティウスと自然主義」を『哲学研究』に発表している。こうやって見てみると、どうもドゥルーズは、積極的に取り組むべき古典的哲学者を、「自然」というキーワードに即して選んでいるとしか思われない。

どうして、このことが奇妙に映るかといえば、ほかでもない、同時期にドゥルーズが筆をとった書評のたぐいが、その理由の一端を示している。書評の対象となった書物を、次に、いくつか挙げてみよう。

R・ジョリヴェ『ハイデガーとサルトルにおける死の問題』
K・E・レクストルプ『キルケゴールとハイデガーの実存分析ならびに御告げに対する彼らの関係』
J・イポリット『論理と実存』
J-P・サルトル『唯物論と革命』
M・ベルナール『ガブリエル・マルセルの宗教哲学』

MEMO

一九五三年から五七年にかけて、ドゥルーズが書評でとりあげた、これらの書物からうかがえるのは、時代は実存主義のものだったということだ。事実、ハイデガー、サルトル、キルケゴール、マルセルといった実存主義関係の固有名詞が、いやでも目につく。二十代末から三十代初めにかけての、いわばかけだしの学者のことだから、おそらくは自ら進んでとりあげた書物だけではなかったと思われるが、それだけにいっそう実存主義まっさかりの時代の風潮とその圧力のようなものまで、感じさせるではないか。

実存主義といえば、自然から、ある意味で根こぎにされた人間存在のあり方を共通のテーマとするものだったといえる。また、六〇年前後から、影響を及ぼし始める構造主義は、とりわけ言語によって自然から切り離された人間のあり方に、基本的な関心を示したはずだ。

そんななかで、一九五〇年代から六〇年代へと書き続けられるドゥルーズの哲学史的研究に、共通テーマのように浮かび上がる「自然」への関心は、やはり眼を引かずにはいない。一九六八年には『スピノザと表現の問題』を刊行するが、スピノザといえば、やはり「能産的自然」を説いた哲学者のイメージが強いのだ。

それだけにいっそう、一九七〇年以降、「機械」の哲学者として姿を現わすドゥルーズには、どうしても面食らってしまうだろう。一九七〇年に出た『プルーストとシーニュ』増補改訂版（初版は一九六四年）の中で、ドゥルーズは次のように書くことになる。「現代の芸術作品は、ひとつの機械であり、機械として機能する」（宇波彰訳、法政大学出版局、一六二頁）と。

そして、精神医学者、フェリックス・ガタリとの最初の共著『アンチ・オイディプス』（一九七二年）で提出される「欲望する機械」という概念。この概念により、彼らは、文字どおり、欲望を機械と通底させ、欲望を機械と見るように誘う。欲望とは、人間における自然のもっともなまなましい部分のひとつではないのか。事実、『アンチ・オイディプス』が主要な踏み台としたフロイトは、欲望を「本能」と言い換えていたのではなかったか。

さらに、『アンチ・オイディプス』の続篇として書かれた『千のプラトー』（一九八〇年）で、ドゥルーズとガタリは、宇宙全体を機械圏として捉えようとする壮大な構想を示している。彼ら自身の言葉を借りるなら、一種の「機械状論（machinisme）」の試みだ。

この機械状論について、それが、単純に自然を機械でもって取り替えようとするものでないことを、まずは注意しておこう。そこには、生気論（vitalisme）と機械論（mécanisme）とをともに乗り超えようとする哲学的なもくろみが隠されているのだし、構造主義的な意味中心主義に対する異論も込められている。この機械状論の問題は、本書のもっとも重要なテーマのひとつとして、これから解きほぐしていかねばなるまいが、ここではひとまず、自然と機械を結びつけることへの一種の驚きだけ、表明しておこう。逆説的な結びつきと、いってもよい。

差異と反復の一体化へ

ドゥルーズの哲学史的な研究に見て取れるのは、自然へのこだわりだけではない。ヒューム、ベルクソン、ニーチェと続く研究から、ドゥルーズは、彼独自の概念を引き出してくる。それこそが、差異と反復、およびそれらが形作る多様性という概念系だ。

差異と反復と多様性という三項は、まさしく不可分の関係を作りなす。一見したところ、これほど逆説的なことがあるだろうか。反復とは、差異を弱め、一般化することで、むしろ同一性へと導くものではないのか。それゆえ、反復は画一性をもたらしこそすれ、多様性にくみすることなどありえないではないか。などという疑問が、おそらくは誰の心にも浮かんでくるはずだ。しかしドゥルーズは、差異と反復と多様性との一体性を、断固として主張するのである。

このような独自の立場のアイディアを得たのは、後で見るとおり、ベルクソン研究からだったと思われる。それにしても、引き続いて、すでに一九五〇年代末にはニーチェ研究の一端を発表しているのを見ると、すでに五〇年代に、差異と反復にまつわる基本的な構想を固めつつあったのは疑いない。なぜなら、その独自な哲学的立場をはじめて本格的にまとめたといえる『差異と反復』（一九六八年）に、ヒューム、ベルクソン、ニーチェという段階を踏んで議論が進行する章があるからだ。詳しい検討は後に譲るが、この三つの段階とは、いってみれば、差異と反復との一体性がよりゆるぎないものとされていく組み立てとなっている。しかもそれが、時間の綜合を思考する際の立場の移動との関連で、組み立てられていく。すなわち、一種の時間論となっているわけだ。

プラトン以来の西洋哲学において、時間というあり方は、永遠的なものと実在的なものの織りなす世界から、いわばはじき出されていた。時間とは、永遠性をもちえず、したがってその実在性については、きわめて疑わしいものとされてきたのだ。ベルクソン哲学は、その最初の著作『意識の直接与件に関する試論』（邦訳名『時間と自由』）からして、そのような伝統を転倒させる。時間こそが実在的なのだというのが、その基本的な立場だからだ。

ベルクソン以前に、これほどはっきりと、時間と実在を等置した哲学者はいない。今世紀のいくつかの哲学において、時間論が存在論とならざるをえなかったのは、そのようなベルクソン革命の余波といえるだろう。哲学的立場の極端な違いにもかかわらず、ハイデガーの『存在と時間』（一九二七年）、ホワイトヘッドの『過程と実在』(一九二九年) は、タイトルを見るだけでわかるとおり、そのような余波からの流れを共有する。ドゥルーズの『差異と反復』もまた、それが時間論と存在論を共有するかぎり、そのような流れの上に立つ、ひとつの記念碑的な著作という性格をもつ。

2 倒錯と小説と映画

病理学としての哲学

ザッヒェル=マゾッホという作家がいた。あのマゾヒズムの語源となった作家である。このマゾッホに対して、ドゥルーズは早くから興味を示していたようだ。事実、一九六一年には、「マゾッホからマゾヒズムへ」という論考を雑誌(『アルギュマン』二一号)に発表している。のちに改訂のうえ『マゾッホとサド』(原題は『ザッヒェル=マゾッホ紹介』、一九六七年)に収録される論考だ。

サドとマゾッホ、あるいはサディズムとマゾヒズムは、正反対であるがゆえに相補的なカップルと見なされてきた。フロイト自身がそのような見方にくみしていたし、サルトルのような哲学者もまた、『存在と無』の中で、そのような見方を示している。ところがドゥルーズは、そのような相補的カップルという見方自体を解体しようとするのだ。

その内実はともかくとして、『マゾッホとサド』は、ドゥルーズの特徴的な一面を如実に示す。それは、倒錯に対する関心と、小説に対する深く鋭い読みである。プルーストにおける同性愛、ルイス・キャロルにおけるロリータ・コンプレックスなど、ドゥルーズが分析する小説家は、往々にして、あきらかな倒錯者でもあった。しかし、そのような倒錯への関心が、興味本位の詮索話に堕《だ》することはなく、あくまで、小説の組み立てへの、技術者的ともいえる分析へと連動していく。それは、『プルーストとシーニュ』（一九六四年）についてもいえることだ。

倒錯への関心は、病理学的な問題へと広がっていく。ガタリとの共著、『アンチ・オイディプス』と『千のプラトー』が、『資本主義と分裂症』というシリーズを構成することを、ぼくたちは知っている。いや、すでにドゥルーズは『差異と反復』の中でいっていた。「反復、それはパトス（受苦）であり、反復の哲学は、パトス論＝病理学（pathologie）である」（財津理訳、河出書房新社、四三〇頁）と。

これは、自らの哲学がパトス論＝病理学だというに等しい。病理学的現象への関心が、小説作品の鋭利な分析と共存しうる理由の一端は、そこにある。いやすでに、ドゥルーズ自身が繰り返し語るとおり、芸術家は、患者というよりは、医者に近いのだ。小説家も含め、芸術家自身が、自らの病理学を実践しているといってよい。

詩を論じる哲学者は多いが、小説を論じる哲学者は、意外なほど少ない。これは、あまり気づかれていない事実だ。もちろん、誰それの哲学を借りて小説を料理する批評家は、掃いて捨てるほどいる。その中には、みごとな批評作品として結実するものもないわけではない。たとえば、ベルクソニアンの批評家として知られるアルベール・ティボーデに見られるとおり。

しかし、その名に値する哲学者で、いったいどれだけの人が、小説作品に熱意をもって立ち向かったといえるだろうか。数少ない例外のひとりが、サルトルだろう。同性愛の泥棒作家ジャン・ジュネを扱った『聖ジュネ』、フローベル論として書かれた『家の馬鹿息子』は、その感動的な実例であり続ける。

ドゥルーズは、マゾッホ論、プルースト論以外に、ガタリとともに『カフカ』(一九七五年)を書いている。そういった単行本のかたちでではないまでも、エミール・ゾラ、ピエール・クロソフスキー、ミシェル・トゥルニエについての論をものしているし、それらの論考を付論として収める『意味の論理学』(一九六九年)自体が、ルイス・キャロルをはじめとする何人かの小説家への言及にあふれているのだ。

ほかにも、ハーマン・メルヴィル、ヘンリー・ジェイムズ、フィッツジェラルド、ベケットといった英語圏の作家たちに、クライストなど、ドゥルーズお気に入りの作家たちのリストは、さらに続くだろう。それに、SF作家まで加えると、小説家たちの世界から、ドゥルーズ哲学をあぶり出すこともできそうに思えるほどだ。

いま小説について言ったことは、映画に関して、それもはるかに大きな驚きをもって言うことができる。八〇年代にドゥルーズが行なった質量ともに最大の仕事は、映画論だったからだ。『シネマ1』（一九八三年）と『シネマ 2』（一九八五年）である。この二巻からなる映画論は、ガタリとの共著を含めても、ドゥルーズが遺したもっとも浩瀚《こうかん》な書物となった。確かに、哲学者が、これほどの情熱をもって、しかもこれほど体系的に、映画を語ったことはない。

ドゥルーズは、小説を語るにせよ、映画を語るにせよ、すでにできあがったものとしてあるドゥルーズ哲学を機械的に適用するわけではない。むしろ、それらを語ることが、そのつど、そのまま、ドゥルーズの哲学するやり方なのだ。しかしいずれにせよ、歴史上の哲学者たちの中にドゥルーズを置いてみると、哲学自体の逆説的性格とともに、倒錯、小説、映画という、取り組んだ対象のある種の風変わりさもまた、哲学自体の逆説的性格とともに、目についてくる。

3　ほほえみ去る

ヴィデオの中の哲学者

『ジル・ドゥルーズのＡＢＣ』というヴィデオがある。一九八八年に撮影されたもので、一九九五年にＴＶ放映され、ヴィデオ自体は一九九六年に販売された。アルファベットの頭文字に即して、ドゥルーズ自身が自らの哲学を語るという体裁になっている。たとえばＡは、animal（動物）の頭文字として、ドゥルーズ哲学におなじみの「動物生成」が語られるといった具合だ。

これが撮影されたころのドゥルーズは、六十三歳。その前年には、パリ大学を退官している。ドゥルーズと同じ世代の哲学者、たとえば、一九二四年生まれで、パリ大学の同僚でもあったジャン＝フランソワ・リオタールが一九九一年に来日したとき、その元気そうな姿に、あらためて驚いたものだったが、ちょうど同じころ、ドゥルーズは、その肺が機能を停止し、人工呼吸器によって、生き続けることとなる。その肺にしてさえも、ずいぶん以前から、片肺だとか、通常人の八分の一の能力しかないとか、いわれていたのだ。

いきなり、体の具合の悪いところばかりを書き立てるのは、確かに、あまり品のいいことではない。ただ、ドゥルーズが、長きにわたって、とても病弱な哲学者だったというのは事実だ。身近な人たちの証言からも、そのことはうかがえる。その一方で、アルコール中毒寸前まで行ったり、何年も煙草を続けたりしたドゥルーズも、ぼくたちは知っている。

それでも、ヴィデオの中のドゥルーズは、必ずしも不健康という感じはしない。むしろ、意外に上機嫌で、教え子のクレール・パルネの質問に、ときどき笑みを浮かべながら、優しくではあるものの、けっこう早口で答えている。アルファベットのTにあたる項目は、「テニス」。老哲学者、しかも今世紀を代表する哲学者が、二時間近く「テニス」を語る。これをすばらしい場面といえば、言いすぎといわれるだろうか。

生の哲学と死

ドゥルーズは、その著作目録からもうかがえるとおり、生の哲学につらなる面をもっている。また、そのような系譜を抜きにしても、彼の哲学自体が、生の全面的な肯定という響きをもつのも事実だ。だからこそ、ドゥルーズが、一九九五年十一月四日、自宅のアパルトマンから投身自殺を遂げたとき、生の肯定と一見あまりにも不釣り合いな自殺という行為に、ぼくも含めて、多くの人が戸惑いを感じたものだった。

生の哲学が死を語れないというのは、ジンメルの例を見てもわかるとおり、はっきりいって間違いである。それにドゥルーズ自身も、何度も死について語ってはいた。『差異と反復』で語られた、フロイトの死の本能と未来性の反復。『アンチ・オイディプス』で語られた「死を分裂症化すること」。『フーコー』（一九八六年）でビシャとともに語られた、生と共通の広がりをもつものとしての死、部分的で特異で多様な死からなるものとしての死。などが想起される。

では、自殺については、どうだろうか。歴史家のポール・ヴェーヌは、ドゥルーズ追悼記事（『ル・モンド』紙、一九九五年十一月十日）の中で、その意志的な死が、ストア派のいう意味での「理性的」な死だったと、示唆していた。しかし、ドゥルーズ自身が、すでに処女作のヒューム論の中で、ヒューム解釈の一端としてではあるが、自殺を肯定的に語っていたことは、意外に見過ごされているようだ。そこでドゥルーズは、人間のひとつの能力としての自殺に触れ、ヒュームの『自殺論』から次のくだりを引いていた。

自殺するものは自然に対して背反せず、あるいはこう言ってよければ、おのれの創造者に背反しないのである。彼は、苦しみから脱するために自然が彼に残しておいてくれる唯一の道をとることによって、そうした自然の衝動に従うのであり、（……）死ぬことによって自然の命令のひとつを果たすのである。（邦訳、一二七頁）

「苦しみから脱するために」というのは、人工呼吸器をつけて寝たきりだったドゥルーズの状況そのものだったろう。「自然が彼に残しておいてくれる唯一の道」というのも、自宅のアパルトマンの窓まで歩いて行けるだけの力、と取るなら、それなりに理解できる。このように、ある程度当てはめることはできるものの、自殺から四十二年前の処女作に、そこまで語らせてよいかどうか、一抹の疑問なしとしない。

落下とほほえみ

実のところ、自殺それ自体をセンセーショナルに捉えること自体、どうしてもドゥルーズ哲学にそぐわないものに感じられる。いずれにせよ、老哲学者の内面の暗がりなるものに探りを入れ、そこから陳腐な物語を引き出すべきではないだろう。ドゥルーズは『フランシス・ベーコン』（一九八一年）の中で、この画家が、センセーショナルなもの、物語的なものを、どのようにして払いのけてきたかに、注意を促していた。

また『千のプラトー』では、秘密になること、知覚しえぬものとなることについて、ドゥルーズは、きわめて積極的に語っていたではないか。たとえば、「もはや内容を必要とすることすらなく、知覚しえぬものを獲得した、秘密の無限の形態がありうるということに言及する」ヘンリー・ジェイムズ。またたとえば、『逃げさる女』の中で、主人公の恋人、アルベルチーヌを消え去らせるプルースト。

落下する人体、それは、ベーコンのお気に入りのテーマだった。しかし、その落下は、いかにも悲壮な絵として描かれたわけではない。また、ベーコンは、消え去ろうとする人物が残す、あるかなきかのほほえみを描くのを得意とした。

落下するドゥルーズが、ほんとうにほほえんだかどうかは知らない。また、それはどうでもよいことだ。でも、ヴィデオの中の哲学者のほほえみは、いうまでもなく、いつまでも残り続ける。ぼくたちも、ドゥルーズの死を悲壮に語るのではなく、ときおりは、わずかでもほほえみを浮かべながら、その本を読み、その哲学を語るべきだろう。

第一章

哲学者たち

Deleuze

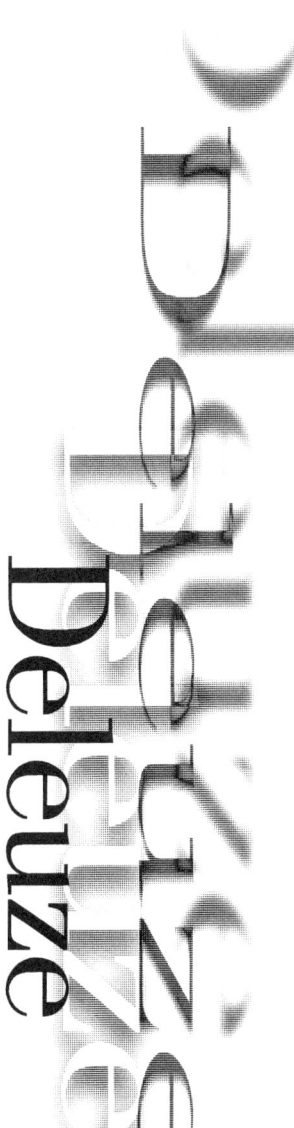

1 大戦を通過しつつ

生い立ち

ジル・ドゥルーズは、一九二五年一月十八日、パリの十七区に生まれた。父は技術者だった。父方の家系は、南フランスのプロヴァンスの出身だといわれている。ジルには、ひとり兄がいたが、のちに、レジスタンスの活動により逮捕され、強制収容所送りとなり、アウシュヴィッツに向かう汽車の中で死んでしまう。

これだけでも、ジル・ドゥルーズが、どのような中で成長したか、およそ推測できよう。世界恐慌が起こったのは、彼が四歳のとき。十五歳の年に、パリは陥落し、ナチスに占領される。ベルクソンが、ナチス占領下のパリで息を引きとるのは、翌年のこと。いずれも、ドゥルーズが、リセ・カルノーに在学中の出来事だ。

このリセの最終学年在学中の一九四三年、ドゥルーズは、のちに小説家となるミシェル・トゥルニエと友達になる。二人で、当時出たばかりのサルトル『存在と無』を買いに行ったりもしたらしい。しかし、いずれにせよ、占領下でのことである。逆に、だからこそ余計に、哲学書を読み始めたばかりの十代の青年にとって、サルトルが輝かしい存在となったのだろう。のちに、ディディエ・エリボンのインタビューに答えて、次のように語っている。「サルトルは、わたしにとって、すべてでした。驚異的な現象でした。フランスがナチスの占領下にあった間、精神の領域におけるひとつのあり方だったのです」（『ル・ヌーヴェル・オプセルヴァトゥール』誌、一九九五年十一月十六日号）。

パリ解放の年である一九四四年、ドゥルーズはソルボンヌ、すなわちパリ大学で学び始めた。エリート・コースの高等師範学校《エコール・ノルマル・シュペリウール》の入学試験には落ちるものの、その受験準備クラスの教師だったジャン・イポリットに気に入られ、ストラスブールに来るよう誘われる。ストラスブール大学には、ジョルジュ・カンギレムもいた。カンギレムは、高等師範学校の入学試験のおり、口頭試問の試験官をつとめていて、ドゥルーズに高得点を与えていたのである。ちなみに、イポリットとカンギレムは、ミシェル・フーコーの先生となる人物でもあった。

結局、パリにとどまったドゥルーズだったが、定期的にストラスブールに出かけていっては、カンギレムの講義を受けたり、そのグループに入ったりしていた。カンギレムといえば、バシュラールとともに、フランスのエピステモロジー（科学認識論）を代表する存在だ。奇《く》しくも、ドゥルーズの死と同じ年に長寿をまっとうすることになるこの哲学者の、当時の仕事を調べてみると、ベルクソンの『創造的進化』第三章について、かなり詳しい注釈を、ストラスブール大学の文学部紀要に発表している。若きドゥルーズが、それに関連する話を、なんらかのかたちで聴いた可能性は、大いにあるだろう。

パリ大学では、ほかに、フェルディナン・アルキエ、モーリス・ド・ガンディヤックに学んだ。のちにドゥルーズが博士論文を提出した際、主論文（『差異と反復』）の主査をつとめるのが、ド・ガンディヤック、副論文（『スピノザと表現の問題』）の主査をつとめるのが、アルキエである。ド・ガンディヤックとは、フランス語訳ニーチェ全集（ガリマール社）の共同責任編集者をつとめることにもなるだろうし、アルキエについては、その著『デカルト、人と作品』の書評（一九五六年）を書いたりもしている。要するにドゥルーズは、その哲学上の師たちと、いちおうは良好な関係を保ち続けるわけだ。

そのことは、ソルボンヌ在学中の友人たちについてもいえる。すでに挙げたトゥルニエ、やはり小説家となるミシェル・ビュトール、哲学者のフランソワ・シャトレ、オリヴィエ・ルヴォー・ダロンヌらがいた。

哲学者としての旅立ち

一九四七年、DES（高等研究資格論文、わが国の卒業論文にあたる）の対象として、ヒュームを選んでいる。指導教官は、イポリットとカンギレム。その論文は、のちに『経験論と主体性』（一九五三年）に結実するだろう。この処女作を、ドゥルーズはイポリットに捧げている。

イギリス哲学に目を向けるにあたっては、ジャン・ヴァールの影響があったらしい。その著『英米の多元論哲学』（一九二〇年）は、『差異と反復』でも引かれている。ただ、ヴァールが英米の哲学を研究するにあたっては、ベルクソンとの出会いがあった。ウィリアム・ジェイムズについて質問に行ったことが、ベルクソンと親しくなるきっかけだったともいわれている。

それを考えると、ベルクソンの影は、意外なところにまで延びているかもしれない。ベルクソンが熱っぽく語ったのは、ヒュームよりはバークリだったという違いはあるものの、イギリス系ユダヤ人の母親とは英語でしゃべっていたベルクソンには、どこか、英米びいきなところがあって、もちろん内実は違うとはいえ、ドゥルーズの英米びいきに一脈通じるところがあるからだ。

一九四八年、ドゥルーズは哲学の教授資格試験に首尾よく合格する。同年の合格者には、フランソワ・シャトレと、あのルイ・アルチュセール（当時三十歳）がいた。アルチュセールは、戦時中、捕虜になるなどして、すっかり遅れをとっていたのである。ちなみに、アルチュセールは、この合格の後まもなく、共産党に入党する。ミシェル・フーコーの入党は、二年後のこと。彼らをはじめとして、ほぼ同年代の哲学者たちのほとんどが共産党に入っていくなかで、ドゥルーズは、入党を経験しない珍しいひとりだったのである。

教授資格試験に合格した者たちの例にたがわず、ドゥルーズもまた、いくつかのリセの教師を転々とする。簡単にしるしておくと、一九四八年から五二年にかけては、アミアン校。五三年から五五年にかけては、オルレアン校。五五年から五七年にかけては、パリのルイ・ル・グラン校という具合に続く。

なお、アミアンのリセの教職にあった頃、ドゥルーズは、フーコーと出会っている。フーコーは、一九五二年の秋から、アミアンからほど遠くないリール大学で教えていた。リールの友人、ジャン＝ピエール・バンベルジェを訪ねたおり、この友人の誘いにより、フーコーの講義を聴講したからである。バンベルジェは、二人を自宅での夕食に招く。

D・エリボンの『ミシェル・フーコー伝』(一九八九年)によれば、そのとき、二人の話は、どうもうまく嚙み合わなかったらしい。同書によると、自ら聴講したフーコーの心理学関係の講義について、ドゥルーズは、明確にマルクス主義的傾向を帯びていたと、回想している。そのことも、話が嚙み合わなかった理由のひとつだったかもしれない。本人が後でなんと言おうと、六〇年代前半くらいまでのドゥルーズは、マルクスおよびマルクス主義に、あまり好意的だったようには思われないからだ。

リセの教職時代のドゥルーズにとっては、そのような同年代の者たちとの交友や、左翼系の思想および政治活動などよりは、ヒュームとベルクソンの哲学のほうが、おそらくはるかに重要だったろう。この二人の哲学者について、それぞれ重要な著作が、その時期に発表されているからだ。ひとつは、すでに挙げたヒューム論『経験論と主体性』。もうひとつは、単行本ではないまでも、ドゥルーズ哲学にとって決定的ともいえる論文「ベルクソンにおける差異の概念」（一九五六年）である。

2 ヒュームと経験論

所与から主体へ

ドゥルーズがヒュームとその経験論に引かれたのは、主体から所与へという方向性とは逆の、所与から主体へという方向性によってだったと思われる。いわば、能動的契機というよりは、受動的な契機によって、といってもよい。いずれにせよ、主体に与えられる、ごくひかえめな位置づけは、ドゥルーズ哲学の一種の常数であり続けるだろう。

所与から主体へという方向性は、次のようなかたちをとる。「いかにして主体は所与のうちで構成されるのか」。これこそが経験論の本質的な問いである。まず、注意しなければならないのは、精神は、ヒュームにあっては所与にすぎないということだ。所与であるかぎりにおいて、精神は、印象、知覚、想像、観念と区別されることはない。このような意味での精神に対して、それを触発する自然があるというのが、基本的な構図である。
主体とは、精神が自然に触発された結果＝効果（effet）として、あくまで人間的自然として、生成してくるものなのだ。この触発するかたちは、悟性の原理と、情念の原理との二つに分かれる。
悟性とは、観念連合（association des idées）のことであり、それがさらに、類似と近接と因果性という三つのかたちをとることは、哲学史の教科書でもよく触れられるところだろう。これら三つのかたちについて、ここで詳論する余裕はないが、観念連合とは、さしあたり関係づけのことと思っておけばよい。情念の原理とは、快と苦のことである。したがって、「いかにして主体は所与のうちで構成されるのか」という問いに対する答えは、次のようになるはずだ。「精神が自然によって触発される二つの原理、すなわち、悟性の原理と情念の原理の結果＝効果として」という具合に。

主体が、そのようにして構成されるとして、さらに指摘しなければならないのは、主体が所与を超出するべく構成されるということだ。主体は、このようにして能動化される。この超出は、二つのかたちでなされるだろう。信じることと創案することの二つである。創案が超出の一形態とされるのは、もちろんのこととして、信じることが超出の形態とされるのは、ほかでもない、主体は、見たり触れたりしないものを信じるからである。こういったかたちで信じるにあたっては、関係づけの原理に従う推論を伴なわざるをえない。

さて、二つのかたちでの超出をたどるに際して、まず、印象とそれがもたらす生気の行方が鍵となるはずだ。まず、印象から出発しなければならない。なぜなら、それがもたらす生気こそが、精神の起源とされるからだ。

さきほど、印象も観念も、所与の側に置かれるとしたが、印象とその生気とを出発点として見るならば、観念とは、印象が再生産されたものと見ることができる。精神が、一部分（ある印象）から、他の部分（なんらかの観念）を関係づけるとともに、生気が伝えられるとすれば、それこそが、信じるという様態で起こることだ。創案に関しては、諸部分の全体が、なにか新しいものを生産しつつ、共鳴するということが起こるだろう。このように、主体による超出は、生気と共鳴という、精神の原初的な性質を基本的に伴なうことで、行なわれる。だからこそ、あくまで所与のうちで主体が構成されるともいえるのだ。

情念と社会

悟性原理は、情念と区別されはするが、その一方で、悟性は情念のためにある。悟性とは、情念を社会化するためにあるのであって、そうであればこそ、精神は、情念と社会という二つのかたちで触発されるともいえるわけだ。

さきほど印象から出発しなければならないといったが、しかし現実問題として、しかじかの印象がなぜ選択されるかを、当の印象は説明できない。それは、原理の役割である。すなわち、原理には、構成という役割だけでなく、選別という役割もあるのだ。情念の原理としては、快楽と苦痛が印象を選択する役目を果たすだろうし、悟性の原理としては、ひとつの複合体へと統合されるはずの諸知覚を選択するだろう。しかし、悟性は、情念と、実践生活とを前提とせざるをえない。そのあたりの事情を、ドゥルーズは次のように言い表している。本来あるべき傍点抜きで引用しよう。

情念が、特殊な事情や当面の欲求に従って、連合の諸原理にとりかかわり、それらの最初の役割〔選別的役割〕を果たすことができるとすれば、すなわち、それらの原理の選別的役割を引き受けることができるとすれば、それは、それらの原理が、それら自体あらかじめ実践生活の必要事に、すなわちこのうえもなく一般的で、このうえもなく恒常的な欲求に従わないかぎり、感覚的印象を選別しないからである。(『ヒュームあるいは人間的自然』木田元・財津理訳、朝日出版社、二二一頁)

要するに、諸原理は、実践生活に関連するかたちで、あくまで機能的なものとして理解されるべきなのだ。ドゥルーズは、ヒュームの哲学に、一種の実践の理論を見て取ったともいえるだろう。そして、情念と社会との結びつきは、最終的には歴史において明かされるとする。なにやら、二十年近くのちの『アンチ・オイディプス』の立場を、遠くから予告するような響きがするではないか。

経験論への評価

所与から主体へという方向性のうちには、すでに主体の受動的生成というドゥルーズ哲学の常数めいた部分がうかがえる。ほかにも、習慣と時間性について、『差異と反復』へ通じていけそうな箇所が散見されるだろうが、その点は、後で触れることにしよう。ただ、ドゥルーズには、経験論にこだわり続けるところがあって、そのあたりのことを、ここであらかじめ指摘しておく。ガタリとの最後の著書『哲学とは何か』(一九九一年)では、経験論とは、他者と出来事のことだと言っている。これは、経験論がドゥルーズ哲学の企図そのものであると述べるに等しい。

ドゥルーズが自らの著作として認めているのは一九五三年以降のものに限られるようだから、それ以前のものに過大な意味づけをするのはつつしまねばなるまいが、それにしても、彼がおおやけにした最初の文章が「女性の記述——性的他者の哲学のために」(『ポエジー』四五、一九四五年)と題されているのは、示唆的だろう。

哲学の仕事として、ドゥルーズがなによりも尊重する概念の創造も、経験論との関連で語られることが何度かある。『差異と反復』から次の箇所だけを引いておこう。

経験論とは、未見にして未聞の、このうえなく狂おしい概念創造の企てである。（……）経験論を措《お》いて、誰が次のように言えようか――諸概念は物そのものである、がしかし、「人間学的諸述語」の彼岸において、自由で野生的な状態にある物なのである。（財津理訳、河出書房新社、一五―一六頁）

ときとして、英語圏の哲学への称賛と交じりあう、経験論へのドゥルーズなりの加担の皮切りとなったのが、ヒューム論だったのである。

3 ベルクソンと差異

一九五〇年代のベルクソン

ドゥルーズが処女作を刊行した一九五〇年代は、すでに触れたとおり、実存主義まっさかりの時期とも重なるが、同時に、ベルクソン研究が、ある種の盛り上がりを見せる時期でもあった。

ベルクソンから出発した哲学者として、ドゥルーズとは対極的ながら、同様に独自で魅力的な哲学を作りあげたヴラジミール・ジャンケレヴィッチは、一九五一年には、パリ大学の教授となっていた。

以後、三十年近く講壇に立ち、幅広い層から、たいへん人気のあった哲学者だ。彼は、西田幾多郎と同様、ベルクソンを今世紀最大の哲学者と言って、はばからなかった。

また、一九五二年、ジャン・ヴァールの辞退と推薦により、コレージュ・ド・フランスの教授に就任したメルロ＝ポンティは、その就任講演「哲学をたたえて」の中で、前任者ルイ・ラヴェルの業績以上にベルクソンに触れ、ちょっとした反響を呼ぶことになる。いやそもそも、ドゥルーズの先生にあたるイポリットが、すでに一九四九年に、二つのベルクソン論、「ベルクソンと実存主義」と「ベルクソンにおける記憶の諸側面」を発表していたという事実を、忘れてはなるまい。

アンリ・ベルクソン

ほんの一端を紹介しただけだが、このようなさまざまな角度からのベルクソン研究は、一九五九年のベルクソン生誕百年記念のさまざまな行事に向けて、高まりを見せていく。生誕百年記念版全集の刊行、フランス哲学会主催によるベルクソン会議（その報告書は二巻本『ベルクソンと私たち』として刊行）は、その行事の一環だった。ちなみに、メルロ＝ポンティの講演「生成するベルクソン」も、同じ年に行なわれている。

差異の哲学として

そんな五〇年代に発表された論文「ベルクソンにおける差異の概念」は、わずか三十数頁で、ベルクソン哲学を差異の哲学として論じきった画期的なものだった。ベルクソン解釈として画期的だったというだけではない。『差異と反復』に結実するドゥルーズ哲学が、ここですでに粗描されているという点でも画期的だった。いや、粗描されているというだけでは言いたりないほどだ。なぜなら、『差異と反復』の主要概念が、すでにほとんど出そろっているといってもよいのだから。

ベルクソン哲学の基本概念は、持続である。持続をベルクソンは、真の時間として提示した。ベルクソン哲学の本質を、差異と見て取ったドゥルーズは、この持続を、自己との間に差異を生じるものとして捉え直そうとする。持続とともに、ベルクソン哲学の基本概念とされる記憶とエラン・ヴィタールも、差異の概念にもとづいて、捉え直されるだろう。すなわち、記憶は、差異のさまざまな程度の共存として、またエラン・ヴィタールは、差異の分化として、規定し直されるのである。

ここで、ベルクソンを多少ともかじったことのある者なら、差異のさまざまな程度の共存という言い方に、引っかかりを感じるかもしれない。ベルクソンは、程度の差異ではなく、本性の差異を求めたのではないか。また、共存という同時的あり方ではなく、あくまで流れつつあるプロセスとしてのあり方に、こだわり続けたのではないか。という疑問を誘発しかねないからだ。

この一種のジレンマを解く鍵は、差異と反復にある。ドゥルーズによれば、差異もまた反復であり、反復はすでに差異であることを、ベルクソン自身が示しているという。

ベルクソンは、たしかに、物質を純然たる反復として示しはする。しかしたとえば色彩について、物質的には要素的振動の無数の繰り返しからなる色が、質的差異をもつものとして現われる理由を解き明かしてくれたのも、同じベルクソンではなかったか。その理由をベルクソンは、記憶の深い働きとしての収縮(contraction)のうちに見た。すなわち、無数ではあるが所定数の反復からなる振動が、収縮され凝縮されることで、特定の質としての色彩が生起するとしたのである。収縮には、さまざまな程度があるはずだ。たとえば、色の差異は、収縮される振動数に見合っている。だとすれば、記憶を、この収縮のさまざまな程度の共存として理解することも可能だろう。ベルクソン自身が、それを示しているではないか。『物質と記憶』にある逆円錐が図示するとおり。

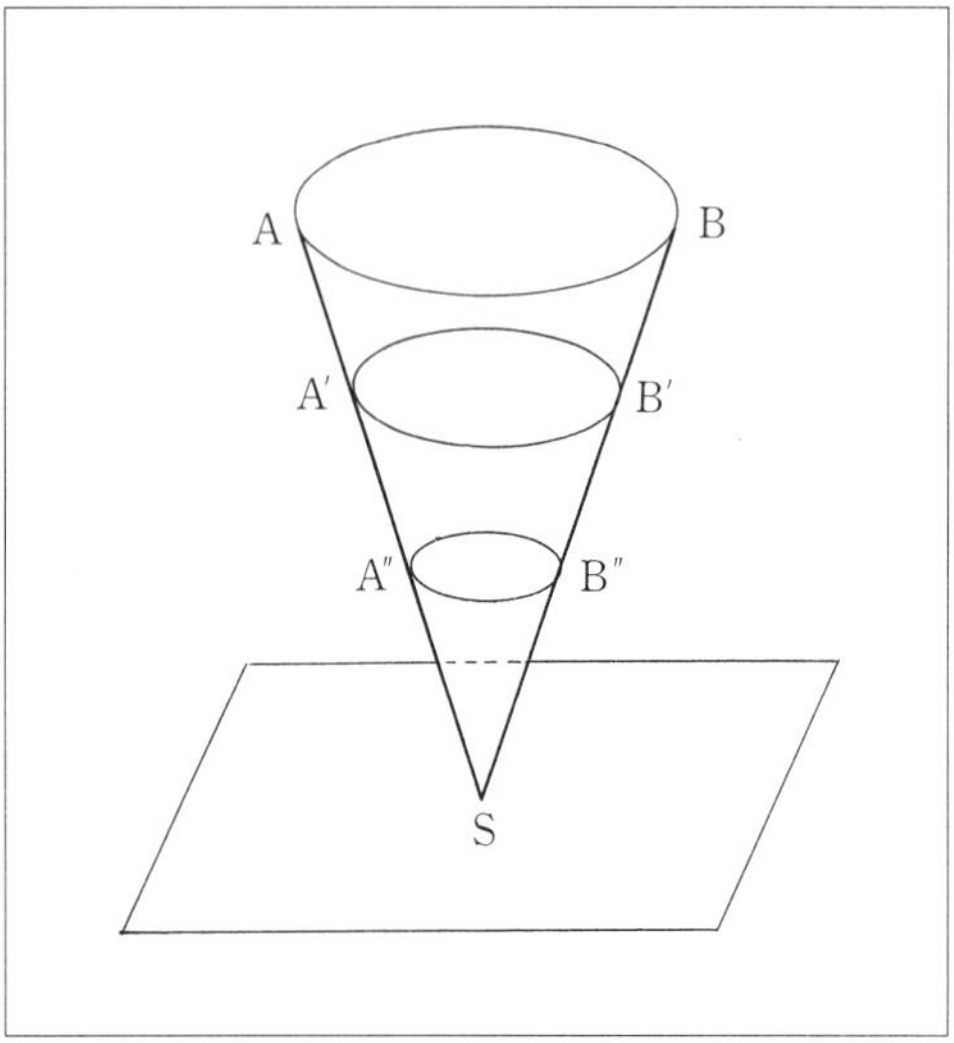

ベルクソンの逆円錐（『物質と記憶』より）

記憶と反復

この逆円錐について、ベルクソン自身に語ってもらおう。

S点によって表わされる感覚−運動機構と、AB面に置かれている思い出の全体との間には、（……）われわれの心的な生の何千回もの反復のための場があって、それらの反復は、この円錐のA′B′、A″B″などの断面によって表わされる。われわれは、感覚的で運動的な状態から一段と離脱して、夢の生活を生きれば生きるほど、AB面へと拡散する傾向をもつだろうし、感覚的刺激に対して運動的反応によって応じつつ、現在の現実にさらにしっかりと専念すればするほど、S点に集中する傾向をもつことになる。（生誕百年記念版全集、三〇二頁）

断面のそれぞれが、収縮の程度を表わし、断面相互の差異は、当の収縮の程度に見合うものだとすれば、各断面がそれぞれのレベルで全体を反復する。差異は、この場合、まさに反復と一体のものといえるだろう。

収縮の程度は、ベルクソン哲学において、緊張の程度に相応する。見落とせないのは、こうして、当初ベルクソン自身により批判された、強度の概念が再導入されるように思われることだ。緊張の度合いは、強度の度合いでもあり、緊張と弛緩《しかん》とは、強度の上昇と下降という正反対の動きに対応する。多様な差異の共存は、このように、差異の程度の共存、正反対の動きの共存をも示し、この多様体の中のそれぞれのレベルにおいて、差異は反復と一体のものとして姿を現わす。

差異の共存と分化

差異の多様なレベルでの共存は、あくまで潜在的であるほかない。では、この潜在性が実現されるとすれば、どのようなプロセスをたどるのか。それは分化（différenciation）による。ベルクソン＝ドゥルーズは、そう答えるだろう。

一般に信じられているのとは違って、持続は分割されないわけではない。持続は分割される。ただし、本性を変えることなしには分割されない。したがって、分割されれば、かならずや本性の差異を出来《しゅったい》させる。

持続の潜在性が実現されるとき、まさにそのようなかたちで分化せざるをえない。生命が持続の潜在性を示すとすれば、生命の進化はさまざまな分化というプロセスをたどるだろうし、そのつど、本性の差異を生じさせずにはおかない以上、それは「創造的進化」と呼ぶほかないものだろう。創造的進化を推し進めるものとして想定されたエラン・ヴィタールは、こうしてドゥルーズにより、差異の分化として規定し直されるのだ。

差異の分化が行なわれるためには、差異の共存がなくてはなるまいし、差異の共存は、差異が自己自身との間に生成するものであってこそ、はじめて可能となる。ベルクソンが、『意識の直接与件に関する試論』(一八八九年)、『物質と記憶』(一八九六年)、『創造的進化』(一九〇七年)の順で提示してきた、持続、記憶、エラン・ヴィタールという概念を、ドゥルーズは、このように差異の概念を中心に置くことで、整合的に解釈してみせた。

ベルクソンを通過しつつ

十年後の一九六六年に、ドゥルーズは『ベルクソンの哲学』を刊行するだろう。問題性そのものにかかわる方法としての直観、潜在的なものの顕在化としての分化など、いくつかの新しい視点や、さらなる明確化が、加味されているとはいえ、この書物は、基本的には十年前のベルクソン論を踏まえている。そういった新しい視点や明確化は、ほとんどそのまま『差異と反復』へ組み込まれていくだろう。そこでの主概念となる、差異と反復、強度、潜在性などが、すでに一九五六年のベルクソン論に出そろっていることは、いくら強調してもしたりないほど重要な意味をもつ。

この論文には、差異と反復、収縮が議論されるなかで、ヒュームへの言及も欠けてはいない。処女作のヒューム論にも、重要な箇所でベルクソンへの言及は見出されるが、やはり重要なのは、ベルクソン論において差異の概念が徹底されるなかで、ヒュームが位置づけられたことだろう。ドゥルーズ独自の哲学は、このようにベルクソンを通過することで、はじめて可能となったのである。

もちろん、それは、今世紀の多くの哲学者についていえることだ。フランス国内に限っても、バシュラール、サルトル、メルロ=ポンティが、そのような通過の跡を示していた。ただ、こういった先達が示した通過の跡は、ドゥルーズのそれと比べれば、はっきりいってあまりにも苦しげである。しゃにむにベルクソンを超えようとするあまり、目に余るほどの誤読をおかしていると思われることも、しばしばだ。

大哲学者たちに対して、なにを不遜なといわれるかもしれない。しかし、サルトルの『想像力』(一

モーリス・メルロ＝ポンティ

九三六年）でもいいし、バシュラールの『持続の弁証法』（一九三六年）でもいい、各哲学者が自らの立場を確立するに際して、ベルクソンとの格闘の跡を示したといえるこれらの論考は、正直なところ、初歩的な誤読の山なのだ。

尺度としてのベルクソン

数少ない例外のひとつが、メルロ＝ポンティだろう。すでに挙げた講演をはじめ、随所に深い理解を示しているし、その処女作『行動の構造』（一九四二年）が、ベルクソンの『物質と記憶』と同様に失語症をたたき台にしているのを見てもわかるとおり、メルロ＝ポンティはベルクソンを、自らの哲学を測る一種の尺度として見ていたふしがある。

メルロ＝ポンティは一九六一年に急死するが、生前、遅くとも一九五六年にはドゥルーズのことをほぼ確実に知っていた。自らの編著になる『著名な哲学者たち』（一九五六年）のベルクソンの節を、十頁たらずの短いものではあるけれども、ドゥルーズに担当させているからだ。興味深いエピソードとして、しるしておこう。

メルロ＝ポンティも含めた大先達の面々に比して、ドゥルーズは、いとも軽やかに、しかし荒っぽい身振りで、ベルクソンを通過したといえる。軽やかに、というのは、短めの論考により簡潔にまとめているから。荒っぽい身振りで、というのは、ベルクソンがそれほど深化させたとは思えない反復や強度の概念に注目することで、おそらくはベルクソン自身が思いもおよばぬところまで、その哲学を拉《らっ》し去るからだ。

いずれにせよ、ベルクソン哲学は、ほとんどドゥルーズのうちに血肉化されたといえる。ドゥルーズ自身、絶えずベルクソンを一種の基準として自らの哲学を測っていたように思えてならないのだ。いいかえるなら、彼の場合、ベルクソン哲学の通過が過去形になったことはなく、つねに現在進行形だったといえるだろう。その哲学の独自性も、ベルクソンからの距離として、捉え直すことができるだろうし、ぜひとも捉え直さねばならない。ほかでもない、それこそが、本書のひとつの基本方針であるのだが。

4　ニーチェと力

ベルクソンからニーチェへ

一九五六年には、哲学上の転機とともに、生活のうえでの転機もあった。結婚したのである。相手は、ファニー・グランジュアン。のちに、ファニーの訳したD・H・ロレンス『黙示録』に、ドゥルーズは序文を寄せたりもするだろう。この女性との間に、彼は一男一女をもうけることになる。また、翌五七年には、ソルボンヌの哲学史の助手に任命され、六〇年には、国立学術研究センターの研究員となり、六四年までつとめるはずだ。

そんななかで『ニーチェと哲学』が一九六二年、刊行されることになる。この書物は、哲学史的には、ニーチェを、カント的な批判の完遂者として位置づけ、またヘーゲル的な弁証法の徹底的な敵対者として位置づける、見取り図を示すだろう。しかし、すでにベルクソン論を見たぼくたちにとっては、むしろその展開という側面が目につく。ニーチェの重要な概念である、力への意志と、永遠回帰とが、差異の概念を徹底させることで、解釈されているからだ。すなわち、力への意志とは、力の差異にかかわる差異的な境位（élément différentiel）として、永遠回帰とは、そのような差異の反復として、解釈され、この基本構図の中で、議論が進行するのである。

ベルクソンのうちにドゥルーズが見て取った、差異と反復との一体化は、実のところ、逆円錐図に即して指摘したとおり、過去のレベルにかたよりすぎるものだった。たとえ、そこでいわれる過去が、あくまで現在と共存するものと考えられるものだとしても。また、そこでいわれる共存が、あくまで差異の概念の徹底から帰結するものだとしても、である。推測をたくましくするなら、おそらくは、差異と反復との一体化が、過去へのかたよりの中での限られた一体化でしかないことに、ドゥルーズは、ある種の収まりの悪さ、居心地の悪さを感じていたのではないだろうか。

のちに、哲学者たちについての著作を回想しながら、ドゥルーズは、次のように語っている。「わたしを窮地から救ってくれたのは、ずっと後になってから読んだニーチェだった」（『記号と事件』宮林寛訳、河出書房新社、一五頁）と。差異と反復をめぐる新しい思考の手掛かりをベルクソンに得ながらも、ひょっとしてドゥルーズは、袋小路に入りかけていたのかもしれない。

いずれにせよ、ドゥルーズの読むニーチェは、実際に生きた順序とは逆に、ベルクソンの後に来るということ。それはぜひとも念頭に置くべきだろう。差異が、否定や矛盾に回収されないこと、それゆえ差異の哲学がヘーゲルの弁証法とは区別されるべきことは、ベルクソン論でも指摘されていた。ニーチェがヘーゲルの弁証法の敵対者と位置づけられるのは、あきらかに、その延長として考えられ

フリードリヒ・ニーチェ

るはずなのだ。

ちなみに、ドゥルーズはニーチェを一種の経験論者として扱うという、イギリス嫌いのニーチェが目をむいて怒りかねないことまで、平気で行なう。もっとも、ここでいう経験論とは、差異の享受の経験論、差異の経験的な感情についての経験論である。差異の哲学者、ベルクソンが説いた真の経験論、真の形而上学とひとつになる経験論もまた、持続がもたらす感情にまで及ぶものだった。それを、ここで思い起こしておくのも、むだではあるまい。ヒューム、ベルクソン、ニーチェに、ドゥルーズが経験論という語を結びつけるとき、感情的契機、もっと広くいえば感性的契機の重要性が、疑いもなく、含意されている。

力への意志と永遠回帰

ドゥルーズによれば、ニーチェの語る力は、量的差異と、それに見合う質とをもつ。力は、その量的差異に応じて、支配的あるいは被支配的といわれ、その質に応じて、能動的あるいは反動的といわれるのだ。力への意志とは、そのような差異にかかわる原理、差異的な境位を表わす。そして、この力への意志がもつはずの質は、肯定あるいは否定といわれる。これらの質が、生成そのものの直接的な質として理解されていることも、注意しておくべきだろう。

力への意志は、解釈し、価値評価を行なうものとして要請されてもいる。物事の意味、記号の意味は、それを牛耳る力次第で変化するだろう。意味とは、そうであるかぎり、本来、多数的なものなのだ。したがって解釈するとは、当の力を探り当てることにほかならない。

さらに解釈は、価値評価を伴なわなければ、不十分なものとなるだろう。物事や記号に価値を与えているのは、どのような力への意志なのかを規定しなければならないのだ。力への意志が、差異的境位とされるのは、ほかでもない、それが価値の差異をもたらすものだからである。

結局のところ、ニーチェ的記号学があるとすれば、それは次の三つからなるはずだ。まず、意味から力を割り出す徴候学、力を能動、反動という質の観点から解釈する類型学、力を力への意志にさかのぼらせることで価値評価を行なう系譜学の三つである。

『ニーチェと哲学』が刊行された年は、レヴィ＝ストロースの『野生の思考』が刊行された年でもあった。このことに象徴されるとおり、時代は構造主義のものとなりつつあった。閉じたシステムの中での意味作用を優先させがちな構造主義に対して、ドゥルーズ＝ニーチェにとっての意味作用とは、力への意志へと関係づけられるべきものなのだ。同時代にあっての、このずれを、ついでながら、念頭に置いてほしい。

さて、力への意志が、力の差異的境位であり、価値の差異をもたらすものであるかぎり、それは新たな価値の創造と喜びをもたらすものであるはずだ。ところで、この創造は、批判と一体化しなければ意味をもたない。肯定の側に立つとしても、なんにでもうなずくばかりでは、どんな荷物を背負わされても喜んで引き受けるロバと変わらないだろう。

では、創造と一体化する批判とは、どのようなものなのか。はたして、どのような肯定がよしとされるのか。こういった問題に答えるには、永遠回帰の思想を検討しなければなるまい。

永遠回帰の問題に、ドゥルーズは二つの側面を見て取っている。ひとつは、宇宙論的で自然学的な理論としての側面。いまひとつは、倫理的で選別的な思想としての側面だ。

第一の側面について、永遠回帰は、移行と生成の問題への解答と見なされるだろう。なぜ時間は過ぎ去るのか。過去、現在、未来という時間の諸次元が共存しつつ、綜合的な関係にあるからだ。

過ぎ去りゆく瞬間は、もしそれが現在と同時にすでに過去であり、現在と同時になお未来でもあるのでなければ、けっして過ぎ去ることはできないだろう。(……)瞬間が過ぎ去る(他のもろもろの瞬間のために過ぎ去る)には、それは同時に現在であり過去であり、また現在であり未来であらねばならない。現在は、過去として、また未来としての自己と共存せねばならない。現在、過去、未来としての瞬間の自己自身との綜合的な関係が、その瞬間と他の瞬間との関係を根拠づける。それゆえ、永遠回帰は移行の問題に対する解答なのである。(『ニーチェと哲学』足立和浩訳、国文社、七六―七七頁)

時間の諸次元が共存するという綜合的なあり方こそが、永遠回帰の第一の側面を代表する。そのあり方こそ、生成による自己自身の肯定、生成の存在と見なされるからだ。同一状態へと循環し回帰するという機械論的解釈は、したがって、受け入れられない。永遠回帰は、同一なものの回帰ではなく、差異とその反復を根拠づけるものとされるのだ。

この第一の側面が思弁的なものだとすれば、永遠回帰の第二の側面、すなわち倫理的で選別的な側面は、実践にかかわるものとされるだろう。「永遠回帰によって為されんと欲するごとくに、汝の欲するところを為せ」と、ドゥルーズはしるす(『ニーチェと哲学』邦訳、一〇四頁)。ここで重要なのは、力への意志の質としての否定が肯定に転換されることだ。すなわち、「本性を変えずには存在の中に入りえないものを、永遠回帰によって存在の中へと入り込ませること」(同前、一〇八頁)。選別的存在としての永遠回帰である。

批判の完遂

批判は全面的になされねばならない。それこそ、カントが目指すはずのことだった。しかし、カントの批判は、否定的なもの、反動的な諸力を、結局、無傷のまま、残しただけではないのか。それはカントが、無への意志、すなわちニヒリズムがもたらす反動的生成に、鈍感だったからにほかならない。

実のところ、人間の歴史とは、否定と反動に導かれる、ニヒリズムの歴史である。この歴史を、ドゥルーズは、詳細に記述しているが、ここでそれを追うことはしない。本書の主要な関心は、ニーチェ学者としてのドゥルーズにはなく、独自の哲学者としてのドゥルーズにあるからであり、ドゥルーズなりの歴史観は、本書のもっと後の部分で触れるからである。

さて、ニヒリズムの歴史に転換点があるとすれば、否定が反動的な力そのものに敵対するようになる地点だろう。それこそ、価値転換の地点である。この地点において、否定は、それ固有の力を失い、肯定する力の存在様式の一部でしかなくなるだろう。否定は、肯定に仕える攻撃性となるはずだ。おのれの没落を欲するものとしてのツァラトゥストラが行なおうとする能動的な自己破壊によってこそ、ニヒリズムは完遂され、否定は肯定に奉仕するものとなる。永遠回帰は、差異の肯定により、価値転換を伴なわずにはおかない。肯定に奉仕する否定こそが、カントがやりそこねた真の批判を敢行するはずなのだ。

この否定は、ヘーゲルの弁証法における否定とは似ても似つかぬものである。ニーチェ＝ドゥルーズは、ヘーゲルと違い、否定の力など信じない。弁証法は、差異を否定に従属させ、差異のかわりに、大ざっぱな対立をもってくる。これに対して、ニーチェ＝ドゥルーズは、差異の肯定を優先させるだろう。差異の反復、生成の選別的存在としての永遠回帰は、差異の累乗化《るいじょうか》した肯定としてある。

ミシェル・フーコー

フーコーとクロソフスキー

『ニーチェと哲学』の刊行は、ドゥルーズの名をニーチェ学者として知らしめることになった。そしてそれとともに、重要な出会いが実現することとなったのである。

ミシェル・フーコー。すでに触れたとおり、最初の出会いというわけではない。確かなのは、『ニーチェと哲学』がフーコーを夢中にさせたということだ。当時、クレルモン＝フェラン大学にいたフーコーは、同僚のジュール・ヴュイルマンがコレージュ・ド・フランス教授として転出するにあたって、後任の相談を受けたおりに、ドゥルーズの名を挙げたのだった。

意見が合った二人は、重い病気から癒《い》えたばかりのドゥルーズと、ヴュイルマンの家で会うことになった。話はトントン拍子に進み、大学側の賛同も得られたのだったが、文部省の支持を得た別の人物に決まってしまい、結局、その話はつぶれてしまう。ドゥルーズが大学に職を得るのは、二年後の一九六四年、リヨン大学の助教授としてである。

そのようないきさつだったけれども、フーコーとの親交は結ばれ、たがいの書物に対して、何度か、理解にあふれる書評を寄せたりすることにもなるはずだ。ドゥルーズは、さっそく、一九六三年、フーコーの『レーモン・ルーセル』の書評を書くだろう。

ニーチェに関して、ドゥルーズはフーコーと仕事をする機会にも恵まれた。ガリマール社のニーチェ全集の共同責任編集である。一九六七年から始まる刊行の最初の巻は、『悦《よろこ》ばしき知識』。翻訳は、ピエール・クロソフスキーだった。ドゥルーズとフーコーは、共同で序文を書く。

クロソフスキーについて、ドゥルーズはすでに「クロソフスキーまたは身体＝言語」を一九六五年、発表していた。これはのちに『意味の論理学』（一九六九年）に再録されるものだ。一九六四年、ニーチェをテーマとしてロワイヨーモンで開かれた国際哲学会に、ドゥルーズはクロソフスキーとともに参加していた。フーコーのほうは、早くも一九六三年、ロラン・バルトの仲介により、クロソフスキーと知り合っていた。クロソフスキーは一九六五年、小説『バフォメット』をフーコーに捧げるだろう。その『ニーチェと悪循環』(一九六九年)は、ドゥルーズに捧げられることになる。

クロソフスキー、フーコー、ドゥルーズという、たいへん傾向の異なる思想家が、ニーチェの名のもとで、このように目配せを交わしあったという事実は、ドゥルーズにとってのみならず、おそらくは二十世紀という時代にとって、重要な意味をもつに違いあるまい。

5 カントと不協和な協和

批判哲学における『判断力批判』

『差異と反復』以前に、ドゥルーズは、もうひとり、哲学者に書物を当てている。『カントの批判哲学』(一九六三年)だ。その本の中の、『判断力批判』を扱った部分とほぼ同内容の論考「カント美学における発生の観念」も、やはり同年、『美学雑誌』に発表されている。なぜカントなのか。またなぜ特に『判断力批判』なのか。

哲学史の教科書的な理解によれば、カントはヒュームを乗り超えたことになっている。でもドゥルーズは、あえてヒュームをとることで、カントによる乗り超えとされるものに留保を突きつけたのではなかったか。また、カント的批判は、ニーチェの批判＝創造によって、とってかわられたのではなかったか。

もちろん、事情は、それほど単純なものではない。確かに、『カントの批判哲学』は、ドゥルーズ自身、「敵について書いた本」（『記号と事件』）と語っていることからもうかがえるとおり、それ以前の著作に比べ、はるかに対象と距離を置いているという印象はぬぐえない。しかし、このカント研究から、ドゥルーズは、自らの哲学にとって、とても大事なものを得てもいる。それは、ドゥルーズが『判断力批判』に与える特権的地位と不可分に思われるのだ。

美学の古典的著作として知られる『判断力批判』は、一般には、先行する『純粋理性批判』と『実践理性批判』の橋渡し、いいかえれば自然と自由の橋渡しをするものとされていようし、またカント自身の説明でも、そうなっている。ところがドゥルーズは、さらに踏み込んで、『判断力批判』が、先行する二批判書を根拠づけるものと見なすだろう。なぜだろうか。

『純粋理性批判』と『実践理性批判』において問題とされた諸能力間の関係は、ある所定の立法的能力の管轄下に、他の諸能力が服すというかたちのものだった。たとえば、認識能力においては、立法的となる悟性の管轄下に、構想力（想像力）と理性が服するのだし、欲求能力においては、立法的となる理性の管轄下に、悟性と構想力が服するという具合である。こういった諸能力間の関係は、一種の協和関係といえるが、ここでの協和は、あくまでひとつの能力によって規定された協和でしかない。このような規定された協和自体、無規定的で自由な協和がなければ、成立しえないのではないか。ドゥルーズが、『判断力批判』を、先行する二批判書を根拠づけるものと見るのは、そのような自由な協和を、『判断力批判』が見出すにいたると考えるからにほかならない。

美の判断

そのあたりの事情を、おもに論文「カント美学における発生の観念」によりながら見てみよう。問題となる『判断力批判』第一部での議論は、四つの部分からなる。それをドゥルーズは、順に次のように特徴づけるだろう。まず、観照者の観点からの美一般の形式的美学。第二に、観照者の観点からの崇高の非形式的美学。第三に、観照者の観点からの自然美の質料的超美学。第四に、創造的芸術家の観点からの理念的超美学、という具合に。

第一の部分で問題とされるのは、美の判断、すなわち趣味判断である。この判断においては、構想力と悟性が自由な協和関係に入ることが示されるはずだ。ここで、形式的といわれるのは、観照者が対象の形を反映＝反省するからである。それに関連して、本質的な問題が提起されるだろう。共通感官（共通感覚）の問題だ。

十八世紀の人、カントにとって、「これは美しい」という判断は、「これは快適だ」という判断とは違って、万人に妥当するものと想定されている。それでもやはり、美の判断もまた、個別的な表象に対して下されるのであり、この場合の快感情は、一定の概念を伴なうことはない。そこで共通感官が、趣味判断の普遍的、必然的に、伝達可能であるための前提として、呼び出されてくる。

ここでの共通感官、すなわち美的共通感官の内実をなすのは、形式を反省しつつ、自由に戯れる構想力と、無規定的な悟性との、あくまで主観的な調和でしかない。しかし、そもそも諸能力の自由な調和が可能でなかったなら、どうして、その中のしかじかの能力たとえば論理的共通感官における悟性、道徳的共通感官における理性が、立法的で規定的な役割を演じることができるだろうか。こうして、美的共通感官においてかいま見られる諸能力の自由な協和は、他の共通感官を根拠づけるものであることが予想されよう。

しかし、あくまで形式的なこの段階では、そのような自由な協和はアプリオリに仮定されるだけだろうし、おまけに理性が、まだかかわっていない。また、ほんとうに根拠づけるものとなるためには、自由な協和は、自分たちのうちで産出されねばならない、すなわち発生（genèse）の対象とされねばならないのだ。

崇高の判断

第二の部分で問題とされるのは、崇高の判断である。崇高とは、美とは違って、形のゆがんだもの、不定形なものを前にして感じられる感情をいう。崇高の判断において、理性が介入する。この判断は、構想力と理性の協和によって説明されるのだ。

イマヌエル・カント

しかし、ここでの調和は、苦痛を伴なう調和、いわば不協和な協和である。形のゆがんだもの、不定形なものを前にして、構想力は、美の場合とは違い、もはや形を反映＝反省することができない。構想力は感性界の無限（無限の大きさ、もしくは無限の力）に直面し、自らの限界にまで押しやられる。それは一種の苦痛を伴なわずにはおかない。

このように構想力を強制し、暴力を加えるのは、理性である。構想力は、こうして自らの限界に向き合いつつも、それ自身、自らの限界をのりこえ、この限界の消失によって、自らを無制限なものとして感じるだろう。構想力は、理性の暴力のもとで、悟性のあらゆる束縛から解放され、自らの超感性的な使命を見出すはずだ。またその一方で、構想力は理性を、感性界の無限に対する超感性的基体を思考する能力として、目覚めさせることにもなる。

ここでドゥルーズが注目するのは、理性と構想力の不協和のただなかから、相互の協和が産出されることだ。崇高の非形式的美学は、こうして、諸能力の協和を真の発生の対象として示したのである。このことは、引き続き、モデルとしての価値をもつはずだ。

理性の関心

第三の部分、すなわち、自然美の質料的超美学にかかわる部分に移ろう。すでに見たとおり、美は対象の形式から生じる。なるほど趣味判断は、対象の存在や質料については無関心かもしれない。しかし、あくまで対象をきっかけとして生まれるのである。第一の部分、すなわち美の形式的美学にかかわる部分では、単に想定されるにすぎなかった自由な協和の発生は、どのようにして行なわれるのだろうか。それは、美と結びついた理性の関心によってなされる、というのが答えである。

この理性の関心は、自然と諸能力との間の協和の理念によって定義されるだろう。すでに見たとおり、美の判断における構想力と悟性の協和には、理性は介入しない。それゆえ、理性の関心が、美しいものを産出する自然の資質に向かうとしても、この関心は、構想力と悟性の調和にとっては外的なままである。だがまさに、外的であるがゆえに、理性の関心は、趣味判断における諸能力の協和を発生させる原理となりうるのではないか。

趣味判断では、色彩や音のような質料は排除され、もっぱら構想力が反映=反省しうるかぎりでの形式だけが問題とされていた。理性は、その質料的なものに理性理念の提示を見出すのである。たとえば色彩を、悟性概念のもとに包摂するだけでは満足せず、それをまったく別の概念、すなわち理性理念に関係づけるという具合にだ。カントの挙げる例にならうなら、白い百合は、単に色彩の概念や花の概念に関係づけられるだけでなく、無垢《むく》の理念を呼び覚ますだろうが、この理念は、けっして経験的には与えられない、百合の白さの反省的類比物なのである。

美と結びついた理性のこの関心によって、一方で悟性概念は無制限に拡大され、他方、構想力は悟性の束縛から解放されるだろう。形式的美学の段階では想定されはしても説明できなかった、構想力と悟性の自由な協和の発生を、こうして、美と綜合的に結びついた理性の関心が説明し、保証してくれるのだ。

天才

第四の、創造的芸術家の観点からの理念的超美学にかかわる部分で、問題となるのは、天才である。ここで天才とは、理性理念ならぬ美的理念を提示するものとして、定義されるだろう。美的理念とは、所与の自然とは別のものとして産出される、もうひとつの自然についての直観のようなものだ。それが理念であるかぎり、表現されえぬものを含んではいる。しかし天才は、もうひとつの自然を創造することで、表現されえぬはずのものを表現してみせるのだ。

こうして美的理念は、自然美における理性の関心と同様の効果をもつ。すなわち、悟性概念は無制限に拡大され、構想力は悟性の束縛から解放されるだろうし、そんな中から、構想力と悟性の協和も発生するのだ。

協和の発生

ドゥルーズによれば、『判断力批判』第一部は、このように三とおりの発生を指し示す。それは、諸能力が自らの限界に直面し、相互に暴力を行使し合う中からの協和の発生だ。いいかえるなら、不協和からの協和の発生。『判断力批判』は、諸能力のほとんど暴力的な交通状態をかいま見せる。『純粋理性批判』も、『実践理性批判』も、いってみれば出来合いの諸能力から出発していただけなのだ。そうであるかぎり、これらの二批判書では隠されたままだった基底を、『判断力批判』は、暴《あば》き出したといえるだろう。

確かにドゥルーズは、カントを縛っていた共通感官というモデルを、のちに自らの哲学においては批判するはずだ。しかし、その批判にとってのヒントがカントの崇高論にあったことを、ドゥルーズは隠さないだろう。不協和な協和というあり方は、ドゥルーズ哲学の展開に、相当な反響をもつことになるのである。

第二章

小説家たち

Deleuze

1 プルーストと哲学

現代思想とプルースト

ことフランス国内に限っても、今世紀の思想家にとって、プルーストほど気になる作家は、いなかったのではないだろうか。匹敵する存在といえば、おそらく、マラルメくらいなものだろう。理由としては、いろいろ考えられるだろうが、やはり、その大作『失われた時を求めて』が、今世紀哲学の一大テーマとなった時間を、正面から扱うものだったからと思われる。

時間を、哲学はもとより、文化一般にとっても、大きなテーマに仕立て上げた最大の立て役者は、ベルクソンだったが、そのベルクソンと、プルーストが縁戚関係にあったことも手伝って、この二人の思想的関係は、なにかと取り沙汰されてきたし、いまなお取り沙汰されている。

ほんとうのところ、ひと回り年長だったベルクソンが、プルーストのよき理解者だったことを積極的に証《あか》しだてるようなものは、特に見当たらないし、プルーストはプルーストで、どうもベルクソンからの影響を認めたがらない様子が、目につく。しかし、どちらにとっても、記憶の問題が大きいという、さらなる共通点があるために、続く世代にとっては、この二人が、なにか巨大なかたまりのように見えたとしても、不思議ではない。

とりわけ、作家としても、哲学者としても、大きな存在だったサルトルにとって、この二人は、過去を中心とした時間性の捉え方を代表するものに見えたに相違なく、それに対して、自らの未来を中心とした時間性を対抗させようというねらいがあったはずだ。

この未来志向というベクトルは、プルーストの読み自体にも、けっこう影響を及ぼしたように思われる。コレージュ・ド・フランスでの講演「長い間、わたしは早くから床に就いた」（一九七八年）において、「自分をプルーストと一体化する」と語ったほどに、プルーストに傾倒していたバルトは、プルーストの作品に、来たるべき作品へのメタ書物（予見的注釈）というあり方を見て取り、プルーストは予告案内書しか書かなかったと見なしていた（『彼自身によるロラン・バルト』）。それもまた、未来志向を軸として、プルーストを読もうとする一例だろう。

記号の習得の物語

では、ドゥルーズは、どうだろうか。『カントの批判哲学』の出た翌一九六四年、ドゥルーズは『プルーストとシーニュ』（宇波彰訳、法政大学出版局）を上梓した。そしてその中で、「『失われた時を求めて』は、未来に向けられてあって、過去に向けられているのではない」と明言している。要するに、『失われた時を求めて』は、記号《シーニュ》の習得（apprentissage）の物語なのだと。

記号とは、解釈されることによって、習得の対象となるものであって、しかも、時間的な習得の対象となるものとされている。ニーチェを語るドゥルーズにとって、記号という語が、かならずしも、構造主義的記号論に直結しないのと同様、ここで記号といわれるものにも、構造主義の匂いをかぎまわる必要は、さしあたり、あるまい。

マルセル・プルースト

プルーストの作品に、ドゥルーズは、おもに四つの記号の世界を探り出す。社交界の記号、愛の記号、感性の記号、芸術の記号の四つである。これら四つのうちで、芸術の記号の優位を見出すことが、プルースト作品の主人公の習得を導く鍵となるだろう。

芸術の記号が他の記号に優るのは、他のもろもろの記号が物質的であり、それらの記号の意味もまた、つねに他の事物の中にあるからである。他の記号は、まず、発信において、物質的だ。すなわち、それらの記号は、なかば事物の中に包み込まれている。次に、芸術以外の記号は、それらの展開においても物質的だ。すなわち、何であれ、ある記号を展開することによってその意味を見出そうとしても、その意味は、つねに、他の事物の中にしか存在しないのだ。

これに対して、芸術の記号は、発信において事物の中に、なかば包み込まれているというのではなく、精神的な本質の透明な現われとなっている。プルーストが、その作中人物のラ・ベルマという女優について書いているように、彼女の声の中には、「鈍重で精神に逆らうようなひとかけらの物質も残っていない」。また芸術において、それ以外の事物を想起させたり、想像させたりする過程が、いかに重要だとしても、芸術はそこにそのもっとも深いあり方を見出しはしない。ドゥルーズは書いている。

われわれが、ある記号の意味を、他の事物の中に見出すかぎり、まだいくぶんかの物質が残存し、精神に反抗することになる。これに対して、芸術はわれわれに真の統一を与えてくれる。すなわち、非物質的な記号と、まったく精神的な意味との統一である。本質とはまさに、芸術作品において開示されるような、記号と意味とのこの統一である。（邦訳、五一頁）

芸術の記号と本質

一見したところ、途方もなく精神主義的なくだりであり、このまま、プラトン的な理論表明へ流れていっても、不思議ではなさそうだ。しかしドゥルーズは、ここでいう本質について、それは差異、それも究極の絶対的な差異だと言い切る。存在を構成し、存在を考えさせる差異だ。だからこそ、本質をあらわにするかぎりでの芸術だけが、生活の中に求めても得られなかったものを与えることができる。

この究極の絶対的差異を、二つの事物間の外的で経験的な差異と混同してはいけない。ここでいわれる差異とは、あくまで内的な差異であり、プルーストの言葉を借りれば、「世界がわれわれに対して現われてくる仕方のうちに存在する質的な差異、もし芸術がなければ、永遠に各人の秘密のままであるような差異」である。本質が、このように規定されるなら、芸術的な相互主観性以外の相互主観性は、存在しないことになるだろう。ふたたび、プルーストの言葉を引こう。

芸術のおかげで、われわれは、自分の世界という唯一の世界だけを見るかわりに、その世界が多様化するのを見る。独創的な芸術家が存在するのと同じだけの世界を、われわれの意のままに所有し、それらの世界は、無限の中を転回する世界にもまして、相互に差異をもつのである。

しかし、だからといって、本質は主観的だと結論づけるわけにはいかないし、差異は、事物の間にあるよりも、主体の間にあるのだと結論づけるわけにもいかない。

確かに主体はそれぞれ、ある視点から世界を表現する。けれども、この視点は、差異そのものであり、絶対的で内的な差異である。したがって主体はそれぞれ、絶対的な差異をもつひとつの世界を表現する。なるほど、表現される世界は、それを表現する主体の外部には存在しないが、それでも、表現される世界は、当の主体とは混同されないのだ。表現される世界は、主体そのものの本質として表現されるのではなく、存在の本質として、もしくは、存在領域の本質として、表現される。

主体のうちに巻き込まれながらも、主体とは別次元のものとして、主体を構成する本質。個体ではなく、個体化するものとして、個体を構成する本質。究極の差異としての本質は、主体および個体に対して、そのようなものとして規定されている。

本質が、このように外的でもなく、主観に還元されることもない、究極の差異だとすれば、なにものも、それにとってかわることはできないだろう。究極の差異については、それを反復することしかできないのだ。だからこそ、「すぐれた音楽は、繰り返し演奏されるほかなく、詩は暗誦されるほかないのだ」と、ドゥルーズは言う。要するに、芸術の記号が指し示す本質、本質の意味とは、差異と反復の一体化したあり方のことにほかならない。

ひとつの世界の質としての差異は、さまざまの場にわたり、さまざまの対象を結び合わす、一種の自動反復をとおしてのみ、肯定される。反復は、根源的な差異の諸段階を構成するが、多様性は、それに劣らず基本的な反復の諸レベルを構成する。偉大な芸術家の作品について、これはレベルの差異を除いて同じものであるとか、あるいはまた、段階の類似を除けば別のものだともいう。実のところ、差異と反復は、本質の不可分で相関的な二つの力である。芸術家が年老いることがないのは、おのれを反復するためである。なぜなら、差異が反復の力であるのに劣らず、反復は差異の力であるからだ。（邦訳、六一頁）

無意志的記憶の問題

芸術の記号の優位を説くからといって、ほかの記号がまるで無意味ということにはならない。むしろ逆だろう。芸術の記号の習得をとおして、本質が開示されることによって、ほかの記号も、それぞれの真の姿をあらわにされ、習得されることになる。

たとえば、感性の記号を検討してみよう。これは、無意志的記憶に呼びかけるものであるだけに、重要である。いやむしろ、これこそが、もっとも重要なことだと説く論者は多かったし、おそらく、いまなお多いことだろう。その最初の提示例は、紅茶にひたしたプティット・マドレーヌ菓子の味から、子供の頃過ごしたコンブレーの思い出が湧き起こる、よく知られた場面だ。

ドゥルーズは、無意志的記憶の前提となる過去についての考え方に、ベルクソンと共通するものを見て取っている。すなわち、現在と共存する過去の即自存在という考え方だ。しかし、この即自的に存在する過去を、いかにして救い出すかについて、ベルクソンは本質的な問いを立てなかったともいう。ドゥルーズによれば、プルーストの無意志的記憶とは、そのような問いに対する答えにほかならない。

過去からよみがえるコンブレーは、こうして、現実に存在したどのコンブレーとも違うが、にもかかわらず真実の輝きを帯びたものとして、姿を現わす。これをドゥルーズは、本質のひとつの働きによるものと見る。すなわち、記号と意味、差異と反復とを一体化させる働きのことだ。この一体化が、純然たるかたちで開示されるのは、芸術においてであるけれども、すでに感性の記号は、無意志的記憶に呼びかけることにより、芸術への道を指し示してはいた。

それでもやはり、感性の記号は、物質性を免れはしない。プティット・マドレーヌの味という記号の意味は、コンブレーという土地と不可分だからである。また、差異と反復という観点から見ると、過去時における差異と、現在時における反復というかたちで、ここでも本質は、その二つの力を保持してはいるが、芸術におけるような純然たる個別化の力をもちえず、いまだ場所の個別性にとらわれたままでしかない。

思考のイマージュと哲学

無意志的記憶は、このように留保をつけられはする。けれども、無意志的、というのは、プルーストにおいて、すべての記号に共通するものを指し示す。すなわち、どの記号も、無意志的にしか、探求を呼びかけないということだ。

社交界の記号は、神経のたかぶりとともに、知性に探求を強制するだろうし、愛の記号は、それが伴なうはずの苦悩とともに、やはり知性による探求を強《し》いるだろう。感性の記号により、ときに不安の混じる歓びとともに、記憶が呼び出されるのも、無意志的に、有無をいわせず、であり、芸術の記号は、純粋な歓びとともに、思考を突き動かすのである。

プルーストが、思考のための積極的な意志、真理への愛を前提しているとして、哲学者たちを批判するのは、記号により、無意志的に強制される思考こそが、より深くに達しうるとの思いがあるからだろう。プルーストが、哲学者たちの作る思考のイマージュに対置する、そのような思考のイマージュは、実は哲学者こそがめざすべきものではないのか。ドゥルーズは、そう考える。

『プルーストとシーニュ』が注目すべきなのは、それがプルースト解釈として新しいからだけではない。ドゥルーズ哲学の雛形《ひながた》を提示しているように思われるからでもある。事実、『差異と反復』の先取り的な部分がいくつもある。その対応関係を細かく検討するのは、本書全体をもってしても不可能と思われるほどだ。

ただ、さらに重要なのは、ドゥルーズが自らの哲学の構築と展開を、どうもプルーストに即して行なっているように思われることだ。社交界の記号と、愛の記号に、ここでほとんど触れなかったのは、社会の問題、性愛の問題との関連で、ドゥルーズ哲学により、さらにダイナミックに展開されていくからである。特に、性愛の問題は、後で触れざるをえないほどだ。

ドゥルーズ哲学は、自ら自家薬籠中のものとしたベルクソン哲学から、独自に距離をとりつつ、形成されたというのが、本書での頑固な仮説であるが、その点でも、すでに一端を示したとおり、『プルーストとシーニュ』は、非常に早い例に属する。確実なのは、プルーストが、ドゥルーズにとって、自らの哲学を語りつつ、論じることのできた、特権的な作家だったことだ。その点で、彼に匹敵できる作家はいないし、あえていうなら、哲学者も含めて、誰も彼に匹敵しうるものはいない。

2　マゾッホと倒錯

批評と臨床医学

ザッヒェル＝マゾッホ、ニーチェより少し年長のこの人物について、ドゥルーズがどのようにして興味をもつにいたったかは知らない。ともあれ、すでに一九六一年には、「ザッヒェル＝マゾッホからマゾヒズムへ」（『アルギュマン』二一号）を発表していた。それを『ザッヒェル＝マゾッホ紹介』（『マゾッホとサド』蓮實重彦訳、晶文社）というかたちで、書物にまとめあげるのは、一九六七年のことだ。

マゾヒズムといえば、マゾッホの名前から作られた言葉だが、まるでサディズムの補足物であるかのようにうけとられている。おまけに、サドと違って、その作品がしかるべく読まれているとはいいがたい。ドゥルーズが出発するのは、このように二重に不幸な状況からだった。

そもそも、マゾヒズムとは何なのか。これは医学的、それも徴候学的な問いである。そしてマゾッホは小説家、要するに芸術家だ。両者を扱うには、医者であるとともに、批評家でなくてはなるまい。なぜなら、病気の命名は、病因によってなされる以前に徴候によってなされる以上、徴候学は病因論に先行すべきであり、病因論の文学的、芸術的部分といえるからだ。マゾヒズムの命名は、マゾッホの作品から来る。であればこそ、まずはマゾッホの作品をしっかりと読み抜くべきなのだ。ドゥルーズは、それをみごとに実践してみせた。文学批評と臨床医学との、たぐいまれな結合が、こうして生まれたのである。

サディズムも、マゾヒズムも、倒錯の類型とされている。サディズムとは、苦痛を与えることによって快楽を味わうこと。マゾヒズムとは、苦痛を与えられることにより、快楽を味わうこと。これら二つは、同一人物に同居することもありうる。一般の理解とは、おそらく、そのようなところだろう。わが国でも、ＳＭというふうに、いっしょくたにして呼ばれるではないか。いずれにせよ重要なのは、このように対立物を性急に結びつけるのではなく、両者の差異を見届けることだ。

反復の二類型

まず、倒錯とは、どのようなものなのか。冷酷さもしくは冷淡さのもとで、性的素質を排除しては再強化する動きのことだと、ドゥルーズは、フロイトを参照しつつ、まとめている。要するに、苦痛を介して、快楽を得る手続きのことだと言えば、わかりやすいが、そう言ってしまうだけでは、苦痛と快楽との結びつきが、説明不能なまま放置されかねない。ドゥルーズは、そこにむしろ反復の自立的な力を見て取っている。苦痛と快楽とは、言ってしまえば、その結果と言うにすぎない。

サドとマゾッホとの単調な太鼓の音の底には、畏怖《いふ》すべき力としての反復が間違いなく身をひそめている。変化したのは、反復-快感という関係のほうなのだ。獲得された快感、あるいは獲得すべき快感へのひとつの姿勢として反復を生きるかわりに、つまり、再発見すべき快感という理念で反復が統御されるかわりに、いまや反復は解放され、前駆的快感からそっくり独立したものとなったのである。理念となり理想となったのは、反復のほうなのである。そして反復を前にしたひとつの姿勢となったのが、快感なのである。いまや、自立的な畏怖すべき力としての反復に同行し、それに従行するのは快感のほうなのである。すなわち快感と反復とは、たがいの役割を交換した。(……)サディズムとマゾヒズムの苦痛への深い関連についてみると、実際、その関連を関連それ自体として検討してみないかぎり、理解することはできない。苦痛は、そこにあってはいささかも性的な意味を帯びてはおらず、かえって、反復を自立的なものとし、その場で性的素質を再強化する快感をそれに従属させる、性的素質の排除作業を表わしているのである。(『マゾッホとサド』邦訳、一四八―一四九頁)

問題は、サディズムとマゾヒズムとで、反復のタイプが異なることだ。サドの作品において、拷問の場面は、量的に加速され累積されるのに対して、マゾッホの作品では、宙吊りにされ凝固させられる質的なものとしてある。後者では、期待において反復されるといってよい。サド的な拷問の場面では、読者は拷問する側と一体化し、マゾッホ的な拷問の場面では、読者は犠牲者の側と一体化することにも、ドゥルーズは注意を促している。

否認と否定

反復に従属しつつ、相交替する苦痛と快楽のリズムは、ある種の冷淡さのもとで、刻まれていく。サドにおいても、マゾッホにおいても、残酷さのうちに感情的にのめり込むことはないのだ。サドの場合、その冷淡さは、意気沮《そ》喪《そう》と呼ばれている。この意気沮喪は、全面的に感情に逆らう冷淡さである。感情なるものは、エネルギーの濃縮を妨げ、サドがめざす非個人的で論証的な官能性への沈潜を妨げるからだ。いいかえるなら、犠牲者の苦痛への冷淡さが維持されればされるほど、快楽は濃縮されたかたちでほとばしるだろう。

これに対して、マゾッホの場合、問題なのは、感情を否定することではなく、官能性を否認することである。マゾッホ的冷淡さは、官能性を否認することで、超官能的な感情性が勝ち誇るように機能すると思われるのだ。ここで、否認といわれる過程は、マゾヒズムにとって基本的な重要性をもつ。

否認の最適の例として、フロイトは、フェティシズム（物神崇拝）を挙げている。それによると、物神《フェティッシュ》とは、女性に男根のないことを否認する方法にほかならない。たとえば靴が物神として選ばれるとする。それが選ばれるのは、足もとから上昇する視線が、男根の不在を確認する前に目にしたものだからだ。視線をもどし、靴の映像を凝固させるなら、不在のはずの器官を権利上維持することができるだろう。こうして、靴は、フェティシストにとっての物神となるわけだ。

サド的人物は、犠牲者の苦痛に対して、冷静沈着にふるまうことによって、その苦痛を、自然全体に反響させようとする。否定は、そこでは全面的になることをめざし、そうすることで、破壊するものとしての自然そのものに参与しようとするだろう。このような否定に比べれば、マゾッホ的な否認は、凡庸なものと映るかもしれない。しかし、そうではない。マゾッホ的否認について、ドゥルーズは、次のように言う。

世界を否定したり破壊することが重要なのではないし、まして理想化することが重要なのでもない。世界を否認し、否認の仕草によって宙吊りにして、幻影のうちに宙吊りにされた理想的なるものに向かって自分を拡げることが問題なのだ。（……）マゾッホ的否認の過程は途方もなく進行するので、ついには性的快楽それ自体を対象とすることになってしまう。性的快楽の到来が最大限に引き伸ばされるので、その結果としてまさに快楽を感じるその瞬間に現実は否認され、かくしてマゾ

ヒストは「新たなる無性的人間」へと一体化するのだ。（『マゾッホとサド』邦訳、四三－四四頁）

神の死

マゾヒストは、自分を虐待する女性、冷酷な母としての女性に、男根の不在を否認する。その女性を父に似た母に仕立てあげるためではない。むしろ、その母の男根は、中性的なエネルギーをもつ特権的な器官としてある。なぜ特権的かといえば、犠牲者の男に第二の生誕を与え、新たな人間として蘇生させようとするからだ。懲罰としての去勢、性的機能の中断も、再生の喜びのための条件となるはずだ。父親との類似は、厳しく罰せられるだろう。

こうして、マゾヒストは三つの否認を演じることになる。まず、母親を美化する否認（男根の不在の否認）。次に、父親を排除する否認（父親の役割の否認）。第三に、再生の喜びとしての性的快楽にかかわる否認（自らの性的機能の否認）である。

マゾッホにとって、特権的な名前は、カインだった。母イヴのお気に入りのカインは、父アダムの側につくアベルを殺す。しかしこの段階では、父は攻撃的に帰還し、カインを罰するだろう。父の排除と、母による子の処罰＝再生が達成されるのは、キリストのエピソードにおいてである。

マゾッホによれば、イエス・キリストを十字架にかけるのは、聖母マリアなのだ。十字架が、すでにカインに刻まれたしるしでもあったとすれば、マリアは、こうして、イヴの企てを続行し、遂行する存在となる。十字架にかけられることで、キリストは、父なる神との似姿を罰せられ、新たな人間としての蘇生を保証されるだろう。マゾッホにとってキリストとは、「性的な愛をいだかず、特性もなく、祖国もなく、いがみあいもせずに、仕事もないまま十字架についた〈人間〉」（兄カルル宛ての書簡より）なのである。この話をニーチェが聴いたら、なんと言うだろうか。

いずれにせよドゥルーズは、ここにマゾッホ版「神の死」を見て取っている。『ニーチェと哲学』を書いたドゥルーズが、なぜマゾッホに引かれたか、推して知るべしだろう。

『カインの末裔《まつえい》』という連作を、マゾッホは構想していた。この連作は、恋愛、所有制、金銭、国家、戦争、死という六つの主題を扱うことになっていたようだ。わが国でも、佐藤春夫訳などで知られた『毛皮のウェヌス』は、その一巻に収められている。『カインの末裔』は完結しなかった。もし完結していれば、「神の死」を、もっとユーモアたっぷりに語れたかもしれないのに。

フロイトとラカン

ドゥルーズの哲学形成の過程で、マゾッホ論は、見落とせない重要な意味をもつ。それは、はじめて本格的にフロイトを通過したことだ。サディズムとマゾヒズムを大ざっぱな対立関係に置いたうえで、相互の補完性を捏造《ねつぞう》するという過程に、フロイトおよび精神分析は、ほとんど決定的なかたちで関与していた。それをドゥルーズは、しっかりと跡づけつつ、批判するだろうが、しかし反復の力と死の本能との関係など、非常に重要な視点をフロイトから得ているのだ。その関係のドゥルーズなりの捉え方については、後で検討するだろう。

もちろん、それ以前にドゥルーズがフロイトを知らなかったわけではない。それどころか、すでに十分読み抜いた形跡さえ示している。そのことは、処女作のヒューム論で、フロイトへの言及が見られるところからも、うかがえるとおりだ。それどころか、『アンチ・オイディプス』におけるフロイト批判を先触れするかのような箇所が、『ニーチェと哲学』に見出される。ある註の中で、ドゥルーズは次のように言う。

ジークムント・フロイト

ニーチェがフロイトのことをどう考えたであろ

うかは容易に想像がつく。その場合にも、彼は心的な生についてのあまりに「反動的」な考え方、真の能動性に対する無視、真の「価値転換」を構想し実現することの不可能性、を告発したことであろう。（邦訳、三〇〇頁）

また、同じ註の中で、フロイトの弟子でありながら、真のニーチェ主義者として師を批判したオットー・ランクに触れ、次のように述べている。

彼〔＝ランク〕は、フロイトが意志をやましい良心や罪の意識から解き放つことができなかった、とフロイトを批判した。彼が望んでいたのは、フロイト説には見られぬ無意識の能動的な力を基礎に据え、昇華を創造的かつ芸術的な意志で置き換えることであった。（同前、傍点はドゥルーズによる）

また、マゾッホ論には、ラカンへの言及も見られる。ラカンのよく知られた論文「カントとサド」などを踏まえていることが、そこでの言及から知られるが、それ以外に、どうやら、マゾッホ論がラカンに注目され、そのセミネールでもとりあげられるという、おまけがつく。こうして、ラカンのお気に入りになりかけたドゥルーズも、『アンチ・オイディプス』によって逆上させるという、さらなるおまけまでつくのであるが。

3 クロソフスキーとシミュラークル

哲学者にして小説家

クロソフスキーを小説家に分類してしまうには、確かに、少しばかりとまどいがある。サドやフーリエなどについての論考で知られるこの人物の著作を、ドゥルーズは、そのマゾッホ論でも参照していた。しかし、同じマゾッホ論で、クロソフスキーの小説『歓待の掟』も参照されている。要するに、哲学者とも小説家ともいえるような謎めいた人物、それがクロソフスキーだ。

ニーチェの名のもとでのクロソフスキーとの出会いについては、すでに触れた。小説家クロソフスキーも、このニーチェと無縁ではありえない。しかし、クロソフスキーは、ニーチェ研究に本格的に取りかかる以前に、サド論を公刊していた。『わが隣人サド』（一九四七年、増補改訂版は一九六七年）である。この著作でサドは、単純化すれば、スピノザとニーチェの間に置かれているといってよい。クロソフスキーによれば、自己の作ったものを破壊する自然という考えを、サドはスピノザから得ているという。また、侵犯それ自体の侵犯というサド的な観念には、生成の無垢というニーチェ的な観念をかいま見せるものがあるともいうのだ。

　おそらくは、哲学者にして小説家であるクロソフスキーの先行者を求めれば、やはりサドにたどりつくというのが真相だろう。『歓待の掟』でもいいし、『バフォメット』でもいい、その代表作を読めばわかるとおり、クロソフスキーの小説には、ポルノグラフィーと哲学書を合わせたような、あやしげな雰囲気が濃厚なのだ。「神学とポルノグラフィーの統一」、ドゥルーズはクロソフスキーの作品を、そう特徴づけている。

身体と言語

　クロソフスキーが、既刊のロベルト三部作（『ナントの勅令破棄』と『ロベルトは今夜』と『プロンプター』）を『歓待の掟』としてまとめ、さらに新作『バフォメット』を公刊した一九六五年、ドゥルーズは「クロソフスキーまたは身体=言語」を発表している。

「身体=言語」とあるのは、クロソフスキーの作品が身体と言語との相互反映にもとづいて構築されていると、見なされているからだ。言語の操作は理性の働きにかかわり、理性の働きは神学的な本質をもつのに対して、身体は本質的に倒錯的だというのが、クロソフスキーの基本的な出発点である。

『歓待の掟』の登場人物であるオクターヴは、最愛の妻ロベルトを客に与えようとする。「歓待の掟」とは、そのことにほかならない。オクターヴのねらいは、ロベルトにかかわる者の数だけ、ロベルトを増殖させ、そのシミュラークル（模像）を作り出すことだ。そしてその場面をのぞき見ることで、ロベルトをよりよく知り、所有することができると思うのである。

この見られるものとしてある身体を、言語は繰り返すことしかできない。身体がシミュラークルとして多様化するとすれば、言語にできるのは、自らシミュラークルとして反復するだけなのだ。ドゥルーズは次のように言う。

精神が基本的な反復の対象として、身体、身体の身振りを把握するのは、言語においてである。見るようにさせ、身体を多様化するのは、差異である。しかし、語るようにさせ、多様なものを承認し、それを精神的な出来事にするのは、反復である。（『意味の論理学』岡田弘・宇波彰訳、法政大学出版局、三五九頁）

反復が、そのようなものだとすれば、それはなによりも差異にかかわるだろう。これに対して、交換とは、等しいもの、類似したものについていわれることだ。ドゥルーズは、反復と交換との対立が、クロソフスキーの作品に一貫して見られるという。ロベルトを与えるからといって、ロベルトが交換可能となるわけではない。ロベルトは、あくまで交換不可能なものとして贈与されるのだ。ここで反復とは、交換不可能なものの最高の力として現われるのである。

ドゥルーズはクロソフスキーのうちに、身体と言語をめぐる二つの選択肢を見て取るだろう。ひとつは、《純粋な言語—不純な沈黙》という関係、いまひとつは、《不純な言語—純粋な沈黙》という関係だ。前者の関係において、言語は、「ひとりの人間の同一性と身体の統合性とを、責任あるひとつの自我のうちに統一するが、この自我を崩壊させるすべての力については沈黙している」。これに対して後者の関係では、「言語それ自体が、そうした力（自我を崩壊させる力）のひとつとなり、そうした力のすべてを引き受け、解体した身体、崩壊した自我を、無垢の沈黙へと到達させる」。クロソフスキーの関心が後者の関係にあるのは、明らかだろう。しかし、それにしても二つの選択肢は残るのである。

神とアンチ・キリスト

さらに深いレベルで、『バフォメット』は、神とアンチ・キリストという選択肢を指し示す。アンチ・キリストのシステムを明確にするために、ドゥルーズは、神についてのカントの考えを参照するだろう。カントは、神から、主体を創造し世界を作るという伝統的な仕事を奪ってしまい、神を、選言（離接）的三段論法の主というつつましい役割に還元してしまったというのだ。すなわち、可能なものの総体という根源的素材（実在の全体）から、離接（選言）によって、それぞれの事物の概念の排他的で完全な規定を派生させるという役割である。ちなみに、選言的三段論法とは、〈SはPあるいはQである・このSはPではない・ゆえにSはQである〉というかたちでの論法のこと。このようなかたちで、実在の全体は、排他的に規定されていくとされるのだ。

神が選言的三段論法の主と見なされるのは、当の離接（選言）が、排除に、したがって、否定的で限定的な使用に、結びつくかぎりのことでしかない。これに対して、アンチ・キリストが選言的三段論法の主となるとすれば、どうだろうか。

もろもろの存在の存在としての神に代わって、《すべての変容の王子》、すべての変容の変容としてのバフォメットが登場する。もはや根源的実在は存在しない。離接（選言）が離接（選言）でなくなることはなく、あれかこれかがあれかこれかでなくなることもない。しかし、離接（選言）は、ひとつの事物について、それに対応する概念のために、一定数の述語が排除されることを意味するのではなく、それぞれの事物が無限の述語へと開かれていることを意味している。この無限の述語を、離接（選言）は、概念および自我としてのその同一性を失うという条件で、経めぐるのである。選言的三段論法が、悪魔的な原理ならびに用法に接近すると同時に、離接（選言）は離接（選言）であることをやめないまま、それ自体として肯定され、分散や差異は純粋な肯定の対象となり、あれかこれかは、神・世界・自我の同一性の概念における諸条件とは無縁なところで、肯定する力となる。
（『意味の論理学』邦訳、三六八頁）

ここでの、神のシステムとアンチ・キリストのシステムとの対立は、『アンチ・オイディプス』における、〈あれか、これか〉というかたちでの排他的で限定的な使用と、〈あれであれ、これであれ〉というかたちでの包括的で非限定的な使用との対立を予告するものだ。

意外なことに、というべきだろうか、神は、精神（霊）の敵と見なされている。なぜなら、不死性と人格性を精神に強制するために、神は身体に賭けねばならないからだ。こうして、身体に引き戻されることにより、精神は不死性を獲得し、身体の復活により、精神は生き残るとされることとなる。しかし、精神は、それが身体から解放されるならば、不気味な力として存続し、自らの多義的で多様な力を見出すことになるだろう。『バフォメット』は、このような精神（霊）の世界を、息＝強度の世界として物語るのだ。

聖堂騎士団の首領、ジャック・ド・モレーは、神に仕える霊＝息である。この首領が、聖女テレサの霊を、美少年の小姓の縊死《いし》体の肛門から吹き込むことで、物語は大きく動き出す。小姓へと変容したテレサの霊、この両性具有者となった霊は、首領の前で「バフォメット」として名のりをあげようとする場面で、次のように言う。

私は、生命を自分の創造したものに、自分の創造したものをただひとつの自我に、そしてその自我をただひとつの肉体に隷従させる創造主とは違います。おお、ジャック殿、殿が自分のうちで虐待される無数の自我は、殿の中で死に、かつ幾百万回となくよみがえったのです！　殿のたったひとつの自我だけがそれを知らないだけです。（『バフォメット』小島俊明訳、ペヨトル工房、一三〇頁）

ここで言われる「幾百万回となく」よみがえるものは、キリスト教的な反復において、復活した身体に一度だけよみがえるものとは、質的に異なるだろう。それは永遠回帰そのものだ。『バフォメット』が、ニーチェ的小説といえるのは、そのためにほかならない。アンチ・キリストは神を追い払う。アンチ・キリストのシステムは、同一性の世界に対立するシミュラークルのシステムである。シミュラークルは、自らの差異、他のすべての差異に開かれている。アンチ・キリストのシステムが回帰させるのは、そのようなものとしてのシミュラークルだけなのだ。

第三章

差異と反復

1　差異の哲学

五月革命の喧騒のなかで

一九六八年は、たいへんな年だった。フランスに五月革命が起こったのである。学生運動をきっかけとして、さまざまな職種の労働者を巻き込み、ストはフランス全土に広がっていった。五月二十日には、全労働者数の半分に当たる約八百万人の労働者が、ストに参加したといわれる。このようにあっという間に盛り上がりを見せた五月革命だったが、当時の大統領、ド＝ゴールは、議会解散にまで追い込まれたものの、すばやく手を打ち、五月三十日の演説により、事態を早くも収拾に向かわせるだろう。

この出来事は、ドゥルーズにとっても、衝撃的で、忘れることのできないものであり続ける。彼自身も、当時、職にあったリヨン大学で、学生たちとの政治活動に巻き込まれたらしい。おそらくは、それに起因する疲労もあって、肺の障害に苦しみだしたのも、その年からだ。翌年には、肺の手術も受けている。

驚くべきことに、こんななかで、ドゥルーズは、大著を三冊、立て続けに刊行したのだった。一九六八年には、『差異と反復』、『スピノザと表現の問題』、翌六九年には、『意味の論理学』という具合だ。

特に、『差異と反復』は、その哲学上の主著といえるだろう。この書を主論文、『スピノザと表現の問題』を副論文として申請し、ドゥルーズは博士号を取得する。

反政府運動の高まりが頂点に達した'68年5月、デモの学生と労働者たちは、エッフェル塔に集結した。

同一性と表象＝再現前化に抗して

『差異と反復』には、「差異の哲学」という言い方が頻出する。ほかでもない、それがドゥルーズの哲学的立場だ。しかし書物のタイトルには、「差異」とあるだけではなく、「反復」が付け加わっている。差異の哲学は、反復の哲学にならずにはおかない。それが、そのタイトルの言わんとするところだ。文字どおり、差異と反復の一体性を、西洋哲学史を見据えつつ、確立しようとした野心的な著作といってよい。

差異と反復という、この不可分の組み合わせに、終始、対置されるのは、同一性と表象＝再現前化（représentation）

との共犯的な組み合わせだ。これら二組の概念対の違いについては、とりあえず、反復は差異を前提とするのに対して、表象=再現前化は、同一性を前提とするとだけ、いっておこう。

表象=再現前化は、次の四つの主要素からなる。すなわち、同一性、対立、類比（analogie）、類似の四つだ。同一性は、概念に関係し、対立は述語に、類比は判断に、類似は知覚に、それぞれ関連する。差異は、これら四つをとおして反省的に、いわば、箍《たが》にはめられたかたちで、概念に刻み込まれるだろう。

これらの要素の中心は、あくまで概念に関する同一性であるから、四つはそれぞれ、概念との関係で、次のように特徴づけられもする。すなわち、まず、無規定な概念の形式における同一性。次に、概念内部の諸規定の関係における対立。第三に、最終的な規定可能な諸概念間の関係における類比。第四に、概念それ自体の規定された対象における類似といった具合にだ。

このような表象=再現前化をとおして、差異を思考するかぎり、あくまで概念的差異としてしか思考できない。そうであるかぎり、差異はあらかじめ同一性に服するよう定められてしまっているのだ。このことは、存在論にも波及する。というのも、そのような表象=再現前化により思考される存在とは、ヒエラルキー化され、定住的配分を行使する存在であるほかないのだから。差異は、そのような存在のもとでは、幾重《いくえ》もの軛《くびき》のもとでしか存在しえず、端的に存在するとはいえない状況にある。

ところが、ドゥルーズによれば、差異は、それ自体で端的に存在する。ヒエラルキーもなく、定住的に配されることもないまま、それ自体として肯定され、存在するのだ。いいかえれば、アナーキーなかたちで勝ち誇り、ノマド（遊牧）的に配分されるものとして、存在する。このように、戴冠せるアナーキーとノマド的配分によって特徴づけられる差異の存在論、それをドゥルーズは、ドゥンス・スコトゥス、スピノザ、ニーチェと練り上げられてきた存在論、すなわち一義的存在論として、思考しようとするのだ。

プラトン哲学の転倒

差異を表象＝再現前化に服させようとする傾向がはっきりしてくるのは、アリストテレスからである。プラトンにおいては、ことは、それほど単純ではない。プラトン哲学の転倒という、ニーチェ的な課題を、ドゥルーズが捉え直そうとするのは、プラトンが差異哲学の微妙なところを体現しているからだ。プラトン哲学を転倒するには、その内部に入り込み、微妙な転回点を見届ける必要がある。

ドゥルーズによれば、プラトンにおいて差異とは、アリストテレスの場合と違って、類に属する二つの規定の間に種別的差異、すなわち種差として介入するのではない。そのような、概念のうちにヒエラルキー化したかたちで組み込まれる差異が問題なのではなく、純粋な差異、すなわち差異の純粋な概念が問題なのだ。差異は、プラトンにあっては、選別そのものにかかわってくる。すなわち、問題なのは、純粋なもの、よいもの、真正なものの要求者たちに、文字どおり差異をつけることだ。

プラトンは、この差異をつける根拠すなわちイデアを、神話のうちに求めるだろう。プラトンの対話篇を読めばわかるとおり、議論の肝心な箇所にさしかかると、ほとんど例外なく、神話が呼び出されるのだ。ただ、神話のうちに求められる根拠による選別の試練は、問題として提示されるほかない。解かれるべき謎、課題が、差し出されるばかりなのだ。ここで問題もしくは問題的なものとは、単に不十分なもの、否定的なものとして、見なされるべきではない。差異の選別にかかわる根本的なもの、いわば存在そのものに匹敵するものと、見なされるべきなのだ。

ドゥルーズは、このように、差異哲学の基本的契機、とりわけ、差異と選別、問題的なものという契機を、プラトン哲学のうちに見て取りさえする。しかし、結果的には、プラトンもまた、差異を同一性に服させる以外のことをするわけではない。根拠としてのイデアに差異を帰着させることは、それ以外の効果をもつわけではないのだ。プラトンに見られる差異哲学の萌芽《ほうが》を徹底させようとするなら、そこにおけるオリジナルのコピーに対する優位をなしくずしにするべきだろう。

プラトン哲学において、イデアとイマージュとは、基本的に区別される。しかしこの区別の奥に、次のような重要な区別がひかえているのを、見落としてはなるまい。すなわち、コピーとシミュラークル（見せかけ）との区別だ。イデアと類似したイマージュが、良いイマージュとして、コピーとされ、イデアと類似しないイマージュが、悪いイマージュとして、シミュラークルとされる。

本当の意味で、プラトン哲学を転倒させるとは、プラトン哲学のうちに存在する反プラトン的な要素としてのシミュラークルを浮上させ、差異の哲学へと合流させることだろう。この作業を徹底させようとするなら、オリジナルとシミュラークルを差異づける根拠そのものを破壊し、脱根拠化(effondement)にまで立ちいたらねばなるまい。この脱根拠化にいたる過程を、ドゥルーズは、反復の哲学によって、しるしづけている。

2 反復と時間の綜合

第一の綜合——生ける現在と習慣

同一的な要素が繰り返される、いわば裸の反復のモデルは、物質的反復だろう。ところが、このような反復は、皮肉なことに、思考されえないし、表象=再現前化することもできない。なぜなら、相継起する瞬間は、現われては消えるだけであり、ある瞬間は、次の瞬間が現われるときには、消えてしまっているからだ。

したがって、反復が思考され、語りうるものとなるためには、そこから差異を抜き取る精神が必要となる。同一的要素の反復から差異を作り出すには、精神において、それらの諸要素が融合しなければならないだろう。いいかえるなら、もろもろの瞬間が収縮される必要がある。そうしてはじめて、先行する要素が保持され、後続する要素が予期されることで、反復が、語られうるものとなるわけだ。すなわち、何度目の反復ということが、そもそも語られうるものとなるのである。

ヒュームは、この収縮は、想像力によって、さらには習慣によってなされるものとした。ドゥルーズによれば、収縮は、時間の綜合も行なうだろう。それは現在を構成するばかりでなく、現在が保持する過去と、現在が予期する未来とを、あくまで現在の二つの次元として構成するからだ。この意味で、現在とは、単なるひとつの次元としての現在ではなく、過去と未来を自らの次元とする広い意味での現在である。このような現在を、ドゥルーズは、「生ける現在」と呼ぶ。

ただ、ここで綜合とは、あくまで、精神による反省を介さない綜合、能動的ならぬ受動的綜合である。したがって、収縮は、観照する精神において行なわれるのであって、精神によって行なわれるのではない。たとえば、時計のチクタクという音を漠然と聞くとき、ぼくたちは、複数のチクタクを精神において、自然に融合収縮させながら、先行する部分と差異をもたせたり、後続する部分を予期したりするではないか。精神による反省的で能動的な綜合は、そのような受動的綜合にもとづいて行なわれるほかないのである。この意味で、ドゥルーズは、ヒューム的経験論の立場に立ち、カントの立場をとりはしない。

重要なのは、収縮の働きに、精神的生の基礎が見て取られるだけでなく、有機体的生の基礎も見て取られることだ。たとえば、心臓や筋肉、神経、細胞、さらに植物のさまざまな働きまで、収縮によるものとするのである。このような収縮なくしては、習慣は確かに成り立たないが、収縮は観照する自我において行なわれる以上、収縮の数だけ、そのような自我も存在することになるはずだ。だとすれば、精神的生と有機体的生とは、そのような多くの部分的自我から成ることになる。

新たに生まれる習慣もあれば、消える習慣もあるように、生まれる自我もあれば消え去る自我もあるだろう。数多くの幼生的で崩壊せる自我からなるものとしての生。第一の綜合は、表象化にうごめくそのような光景をかいま見せもする。ともあれ、ここで収縮は、同一的反復から差異を抜き取る反復としての習慣にかかわることを、確認しておこう。

第二の綜合――純粋過去と記憶

第一の綜合は、生ける現在を土台とする綜合だった。そこで現在は、確かに時間を構成する。しかし問題は、この現在が、自らの構成する時間の中を過ぎ去らねばならないということだ。ではそもそも、現在を過ぎ去らせるのは何なのか。いいかえるなら、現在を過ぎ去るものとして構成するのは何なのか。第二の綜合が要請されてくるのは、ここにおいてである。

そもそも、現在が過ぎ去るには、いいかえれば、新しい現在が古い現在にとってかわるには、過去そのものが、そういった現在と本性の差異をもつものとして、現在と共存していなければなるまい。現在から過去を再構成しようとしても、むだである。過去が構成されるのは、それが現在であった後でもなければ、新たな現在が到来することによるのでもない。

もし過去が過去として構成されるのに、新しい現在を待たねばならないとするならば、古いほうの現在が過ぎ去ることはないだろうし、新しい現在が到来することもないだろう。もし現在が、現在であると同時に過去であるのでないならば、現在はけっして過ぎ去るまい。またもし過去が、現在であると同時に、過去として構成されるのでないとすれば、過去はいつまでたっても構成されないままだろう。

過去一般が、現在と共存するものとして見なされ、さらには、現在が、過去のもっとも収縮したものと見なされる。この種の議論は、ベルクソンに依拠するものだ。

要するに、現在と未来とを自らの二つの次元として構成する過去を想定することができるだろう。そのような過去を「純粋過去」と呼ぶならば、この純粋過去こそが、時間を構成するものと考えられる。重要なのは、この第二の綜合が、第一の綜合の土台としての収縮のあり方を深化させるものでもあることだ。いずれにせよ、精神による能動的な働きや反省作用によることなしに、収縮が差異を含み込むのである。したがって、第二の綜合もまた、受動的綜合であることに違いはない。

この収縮が、過去の全体の中で、さまざまな差異の度合いを構成し、その各度合いにおいて過去の全体が反復されることについては、すでに第一章の3で、およそ見たとおりだし、純粋過去がどのように生きられ、救い出されるべきかについては、無意志的記憶によってという、プルーストの解答を、すでに確認している。

問題は、この第二の綜合の不十分さだろう。それについては、すでに第一章で、ベルクソン的立場のある種の居心地の悪さとして、示唆しておいた。『差異と反復』は、その不十分さを明確に述べている。すなわち、純粋過去は、表象=再現前化を超え出るものとして、それを根拠づけるものでありながら、依然として、その表象=再現前化に相対的であるほかないのだ。過去は、現在と差異をもつものとして提示されはするけれども、当の現在と、類似性や同一性という表象=再現前化の主形式をとおして、関係せざるをえない。根拠づけるはずのものが、根拠づけられるものにもたれざるをえないという、循環関係が、そこにはある。

なるまい。

第三の綜合——時間の空虚な形式

第二の綜合は、さらに時間の純粋で空虚な形式としての第三の綜合へと超えられねばならないと、ドゥルーズは言う。その問題に踏み込むには、カントがデカルトに付け加えたものに触れておかねばなるまい。

よく知られているとおり、デカルトは、コギト・エルゴ・スム、すなわち「私は思考する、ゆえに、私は存在する」と言う。ドゥルーズによれば、ここでは、「私は思考する」という規定作用が、「私は存在する」という無規定なものに直結されている。それだけでは、思考する私が、その私の存在について、どう考えればよいのか、無規定なままだろう。

その不備を突いたのが、ドゥルーズによれば、カントである。無規定な存在と、規定作用としての思考とを結びつける第三のもの、それは、規定されうるものとしての時間であると、カントなら考えるだろう。すなわち、無規定な存在が、そのもとで、「私は思考する」によって規定されうるものとなる形式としての、時間である。ここで時間というものが、思考と存在との外的な差異としてではなく、あくまで両者を関係させる内的な差異として見出されたと、ドゥルーズは言う。

『純粋理性批判』でのこの発見を徹底させるなら、「私は思考する」と「私は存在する」とを関係づける内的差異としての「受動的な自我」と、それに対応するはずの「亀裂入る私」との発見に立ちいったはずだ。ところが、カントは、そこまで徹底させはしなかった。「亀裂入る私」は、私の同一性と、その前提としての神の同一性とを存続させないはずだが、『実践理性批判』によって、二つともに、みごとに保証され、救い出されるからである。

空虚な形式としての時間とは、区切りによって順序づけられた以前と以後というあり方を示す。これは運動に従属した数としての時間、すなわちアリストテレス的な時間ではなく、静的な形式として、内容といっさい関係せず、それ自体としては変化することのない、時間の綜合なのである。そのようなものとして、この形式は、周期的な運動を測定する数としての時間にもはや服することのない、蝶《ちょう》番《つがい》からはずれた時間、狂える時間を意味するだろう。以前と以後を分かつ区切りは、私に亀裂を入れる区切りでもある。

このように経験的内容を剥奪《はくだつ》された形式的順序によって定義されるだけでなく、この段階での時間は、総体および系列によっても、定義されるだろう。総体によってというのは、そこでは総体としての時間の諸部分が、不等価なものとして、集められているからであり、また系列によってというのは、以前と以後とが、不等価なものとして配分されることで、時間の系列を構成するからだ。

時間の総体は、それに相応するだけの行動のイマージュによって象徴的に集められる。空虚な形式としての時間を、反復のあり方により定義してみよう。まず過去とは、欠如による反復である。欠如というのは、行動のイマージュにとって欠けているものとして、過去が反復されるからだ。いいかえるなら、行動のイマージュは、そこでは大きすぎるものとして反復されるのである。次に、現在とは、行動に等しくなること、行動のイマージュに理想自我を投射することとしての反復、すなわち作用者の変身による反復だ。このような意味での反復は、反省概念である以前に、行動の条件なのだと、ドゥルーズは言う。

フランス革命の革命家たちは、まず自らを「復活したローマ人たち」としておのれを生きるよう決定を下しているのである。まず、たとえばそのように過去本来の様態で反復し、次に、現在の様態で、すなわち変身という様態で、歴史的過去の人物と自らを同一視しつつ、反復する。このように、過去と現在というそれぞれの様態で、二度にわたって反復するという条件で、はじめて何か新しいものを生み出すことができるのだ。

したがって、ここでいう反復とは、歴史家の反省によって、歴史的事実の類似性が二つの歴史的時期において指摘されることで語られるような、反復ではない。むしろ、新しいものが実際に生み出される条件としての反復なのである。そして、この新しいもの、それも絶対的に新しいものは、それはそれで、未来という様態における反復、過剰による反復にほかならない。ドゥルーズは、この未来の反復に、しかもそれにのみ、ニーチェの語る永遠回帰を割り当てようとする。

永遠回帰は、未来にしか、新しいものにしか、かかわらない。そしてそのようなものとして、時間の第三の綜合において、過去と現在とを、一方は欠如による条件として、他方は変身する作用者として、自らの二つの次元としてしまう。しかも、あくまで過剰による反復であるかぎりにおいて、永遠回帰は、条件も、作用者も、存続させず、還帰させないのだ。永遠回帰の選別的な力は、こうして保証される。それは、私の同一性も、神の同一性も廃棄するだろう。いいかえるなら、それらを、死せる神と崩壊せる自我としてしか、回帰させないのだ。

時間の第一の綜合、すなわち習慣による綜合は、差異を抜き取る反復、根拠づけられる反復によるものだったし、第二の綜合、すなわち記憶による綜合は、差異を含む反復、根拠づける反復によるものだった。いずれにせよ、それらの綜合は、第三の綜合における、差異を作る反復、脱根拠化する反復へと、超えられていくべきものなのだ。反復の哲学は、これらの段階を、すべて経由しなければならない。けれども最終的に目指されるのは、次のことなのだ。

差異を、「絶対的に異なるもの」についての思考およびそれの生産へと仕立てあげること――それ自身のための反復は、それ自身における差異である、という事態をしつらえること。（『差異と反復』邦訳、一五三頁）

無意識と時間の綜合

ドゥルーズは、フロイトおよび精神分析の語る無意識にも、時間の綜合の諸段階を見て取り、それを自らの反復の哲学により、通過してみせている。それにより、フロイトのもっとも哲学的な著作『快感原則の彼岸』を、彼なりに横断した形跡を示すだろう。それについて、簡単ながら触れないわけにはいくまい。

快感とは、興奮の解消過程についていわれる。問題なのは、快感が快感となる、すなわち快感が喜ばせるという、自明のことではなく、何が快感を原則的に追求させるのか、ということだ。『快感原則の彼岸』とは、ドゥルーズによれば、そのような問題についての条件を規定したものにほかならない。興奮は、拘束された興奮というかたちで、すでに差異をもつものとして与えられる。ここに、収縮の働きを見ることはたやすい。収縮には、観照する受動的な自我が伴なう。ここでは、拘束された興奮を観照する自我である。この自我は、拘束された興奮を観照することにより、自らを自己のイマージュで満たす、ナルシシズム的な自我ともいえるだろう。そこで生じる満足とは、自我自身の幻覚的満足にほかならない。収縮と受動的な自我とのこの組み合わせは、時間の第一の綜合としての習慣を証しだてるだろう。

このような意味で、習慣は、快感原則の土台を保証するものだ。それは、過去と未来とを、すでに獲得された快感、獲得されるべき快感というかたちで、現在の二つの次元として構成するからである。こうして習慣は、快感に、原則的に追求すべきものという価値を賦与《ふよ》するのだ。フロイトのいうエスは、この第一の受動的綜合に該当するだろう。

快感原則の土台となる、第一の受動的綜合は、二つの方向に分化する。ひとつは、現実原則に従って、能動的綜合と能動的自我へ向かう方向。いまひとつは、第二の受動的綜合へと深化し、個別的なナルシシズム的満足をたくわえつつ、その満足を潜在的対象の観照へと関係づける方向だ。

そしてまた、このような分化とともに、欲動もまた、そのあり方を変えるだろう。第一の綜合において、欲動は、拘束された興奮として定義されていたが、今度は、一方では、現実原則に即した自己保存欲動として、他方では、新たな受動的深みにおける性欲動として、分化していくのだ。分化の第二の方向で重要な役目を果たす潜在的対象は、あれこれの古い現在としての過去にではなく、純粋過去に属するものとして、置き換えと偽装と不可分である。置き換えと偽装とは、差異を含む反復にほかならない。この第二の受動的綜合は、快感原則の根拠となるはずだ。

性欲動も含めた、生の欲動もしくは生の本能として、フロイトが提示したエロスは、第二の受動的綜合に関係する。しかしフロイトにあっては、反復を差異の取り消しとして理解しようとする傾向が強いため、エロスのもつ反復という側面は、同じくエロスのもつ諸差異の導入という側面とは、結びつきにくい。

これに対してドゥルーズは、エロスの反復の動力は、ムネモシュネ（記憶）からくる差異の力と、不可分であることを強調する。潜在的対象について見られる置き換えと偽装とは、その不可分性を端的に示すものだろう。差異と一体の反復、いわば着衣の反復の下に、同一的反復としての裸の反復を見てはいけないのだ。

フロイトが、エロスと対立するものとして提示したタナトス（死の本能）には、そのような物質モデルにもとづく裸の反復への、執拗なこだわりが見て取られよう。ドゥルーズは、タナトスをエロスと対立すると見るよりは、むしろ、エロスとは別の綜合に属するものとして理解しようとする。すなわち、第三の時間の綜合に属すものとして。

第二の受動的綜合では、潜在的対象は、現実的対象ともたれあいの関係を吹っ切れないため、潜在的対象は、表象＝再現前化の回路に絶えず引き入れられかねないままだった。ところが、受動的自我が、現実的対象と潜在的対象との差異を内化するとき、無意識のエネルギーとしてのリビドーは自我に逆流し、それとともに受動的自我は完全にナルシシズム的なものへと生成するだろう。

またリビドーはリビドーで、自我に逆流することで、脱性化され、タナトスに奉仕しうる中性的エネルギーを形成するのだ。そうしてはじめて、表象＝再現前化の回路が断ち切られることになる。ここでナルシシズム的な自我は、もはや内容をもたない空虚な形式としての時間のうちで現われるからだ。ドゥルーズは次のように言う。

エロスとムネモシュネとの相関関係に代わって、大規模な健忘症におちいった記憶なきナルシシズム的な自我と、愛なき脱性化された死の本能との相関関係が、登場したのだ。ナルシシズム的自我は、もはや死んだ身体しかもちあわせていない。ナルシシズム的自我は、諸対象とともに身体を喪失したのである。ナルシシズム的自我が理想自我のうちに反映し、おのれの行く末を超自我のうちに予見して、あたかも亀裂入る私の二つのかけらのようなものになるのは、まさに死の本能をとおしてなのだ。（『差異と反復』邦訳、一七六―一七七頁）

すでに述べた、時間の純粋で空虚な形式の反復論的な定義に当てはめれば、過去は、時間の総体に関して、欠如による条件として、エスという様態で反復され、現在は、作用者の理想自我への変身として反復され、未来は、超自我における、エスと自我の破壊の予告、条件と作用者の破壊の予告として、反復されると、それぞれにいうことができるだろう。

ちなみに、サディズムとマゾヒズムについて語られた反復の力は、この第三の時間の綜合における反復に該当するはずだ。ただ、それらの倒錯において、脱性化は、快感原則の適用を制止した後で、凍《い》てつくように冷淡な思考にリビドーが備給されることでしか、再性化がはかられないのではあるが。

3　シミュラークルのシステム

強度のシステム

プラトン哲学のうちにある反プラトン的要素としてのシミュラークルを、ドゥルーズは、異なるものが、異なるものに、差異それ自身によって関係するシステムとして、定義し直すだろう。差異とは、ドゥルーズにとって、強度的なものにほかならないから、このシステムは、強度的なものと見なすことができる。シミュラークルのシステムを記述しうる概念は、ドゥルーズによれば、次のとおりだ。

① 諸強度がそこで組織されるところのスパティウム（強度的空間）。
② 諸強度が形成する、齟齬する諸系列。諸強度が描き出す、個体化のもろもろの場（個体化の諸要因）。
③ 諸強度を交通させる、暗き先触れ。

④そこから生じる、連結と内的共鳴と強制運動。
⑤システムにおける受動的自我と幼生的主体との構成、および、時−空的純粋力動の形成。
⑥システムの二重の分化＝差異化を形成し、先の諸要因をおおう、質と広がり、種と部分。
⑦質と延長により展開された世界において、それでもなお、それらの諸要因の執拗な存続を証示する、包み込みの中心。

ここで、特に説明が必要なのは、④と⑥と⑦についてだろう。
④は、前節の反復論を用いるなら、連結は、ハビトゥス（習慣）によって行なわれ、内的共鳴は、エロスもしくはムネモシュネ（記憶）にかかわり、強制運動は、タナトスにかかわるということができる。いずれにせよ、複数の系列間で起こることだが、強制運動は、当の諸系列をはみ出るほどの振幅をもつ。
プルースト的経験を例に挙げるなら、その作品では、基本的に二つの系列が問題となっていた。ひとつは、古い現在の系列。いまひとつは、現時的な現在の系列だ。二つは、習慣によって連結されるだけではない。無意志的記憶により、内的共鳴が生じることもある。ところが、この内的共鳴も、亡

くなった祖母の思い出にかかわるものとなると、二つの系列をはみ出るほどの振幅をもつこととなり、記憶は未来へと、エロスはタナトスへと超えられていく。

顕在化と個体化

⑥と⑦は、理念の顕在化と具現にかかわるだろう。理念とは、差異をその分散・脱中心化ともどもに肯定し、かつ、反復をその偽装と置き換えともどもに肯定する、いわば、差異と反復の基本的なあり方を示すものだ。プラトンのイデア、カントの理念に通じる言葉を、あえて使うところに、ドゥルーズのユーモアを感じ取るべきだろうが、その点は措《お》くとしよう。この理念の特徴を三つ挙げるなら、多様性、問題性、潜在性ということになるだろう。もちろん、これら三つは不可分である。

顕在化は、特に潜在的なものについていわれるはずだ。分化＝差異化とは、潜在的なものの顕在化のプロセスをいう。分化というのは、分割されるから、差異化というのは、分割されることで本性の差異を生じるからと思えばよい。フランス語の原語 différenciation には、それら二つの意味が込められているだろう。いずれにせよ、それは、強度的多様体の潜在性が顕在化される際の、実相である。

顕在化は、それが顕在化しようとする潜在的なものに類似してはいないのだ。この点で、可能的なものの実在化というプロセスと区別しなければなるまい。後者のプロセスは、類似と限定によって導かれる。実在化されるものは、可能的なものと類似しており、実在化は、類似した可能的なものを限定することにより行なわれると思われるからだ。しかしながら、類似も、類似しているとされる可能的なものも、あくまで結果＝効果による錯覚にすぎない。実のところは、潜在的なものの分化＝差異化による顕在化という、創造的なプロセスがあるばかりなのだ。おまけに、潜在的なものは、それだけですでに実在性をもつから、実在化する必要もないのである。こういったことどもは、すでに『ベルクソンの哲学』でも、明確に語られていた。

ただ、ベルクソンと違って、ドゥルーズは質的なものをそれほど信用しない。質は広がりとともに、強度をおおい隠し、消し去ってしまう傾向があるからだ。だからこそ、強度的なものを保持しつつなされる個体化を、強調するのを忘れない。⑦でいわれることは、基本的にそれにかかわる。分化＝差異化が理念の顕在化を、個体化が理念の具現を、それぞれ表わすとするならば、そういった事態をまとめて、ドゥルーズは、次のように書き表わすだろう。

(個体化) - $\frac{\text{微分}}{\text{分}}$化＝差異化

(indi) - différen$\frac{\text{t}}{\text{c}}$iation

微分化＝差異化（différentiation）というのは、理念が微分的に差異化されていることを表わしている。いずれにせよ、シミュラークルのシステムは、理念が具現され、顕在化される場ともなるわけだ。なお、ここで個体化とは、あくまで非人称的なそれであることを忘れてはなるまい。

併せ含み・巻き込み・繰り広げ

シミュラークルのシステムを説明できる三位一体として、ドゥルーズは、併せ含み、巻き込み、繰り広げの三つを挙げている。併せ含み（complication）とは、すべての強度的系列を保持し含むようなカオスの状態のこと。巻き込み（implication）とは、自らの諸差異によって交通し合い、もろもろの個体化の場を形成しつつ共鳴する系列としての、強度的諸系列の状態をいう。ここで、それぞれの強度的系列は、他の強度的諸系列によって巻き込まれながら、それらを今度は巻き込むという状態にある。第三の繰り広げ（explication）とは、諸系列の間で、システムをおいつつ展開する、質と延長の状態をいう。

系列相互に、表象＝再現前化の規則は当てはまらないことを、注意すべきだろうか。どの系列も、他の系列に対して特権を享受せず、どの系列も、モデルとしての同一性を所有せず、どの系列も、コピーとしての類似を所有しないのだし、また、どの系列も、他の系列と対立せず、他の系列と類比的ではないのだ。こういった諸系列のあり方は、戴冠せるアナーキーとノマド的配分からなる存在を指し示す。

ちなみに、先の三位一体について、哲学史的に由来を探れば、新プラトン派にいたりつくだろう。ドゥルーズは、『スピノザと表現の問題』の中で、併せ含む-繰り広げる（complicare - explicare）という一対の概念の起源を、新プラトン派にまでたどっているからだ。

4 思考のイマージュ

思考の前提

どんな思考にも、その思考の前提となり、方向づけるものともなるような、思考のイマージュがある。そのようなイマージュへの問いかけは、『ニーチェと哲学』、『プルーストとシーニュ』において、ふくらんでいき、『差異と反復』の「思考のイマージュ」の章において、まとまったかたちで論究されることになるはずだ。

そこでドゥルーズは、イマージュなき思考を理想として、その観点から、思考についての従来の独断的なイマージュを批判しているように見える。それはかならずしも間違いではない。しかし、イマ

差異と反復 118-119

ージュなき思考、前提なき思考に到達するだけが目標であるならば、『差異と反復』の「思考のイマージュ」に書かれてあることだけで十分であり、以後、それっきり、思考のイマージュを問題とする必要はなくなるだろう。明らかに、そのようなことはない。ドゥルーズは、思考のイマージュに、払いのけられるべき独断的前提を見るだけでなく、概念の創造を導くという役割も認めているからだ。彼は、『差異と反復』刊行から十年後のインタビューで、次のように語っている。

さまざまな思考のイマージュの研究を「思考学（noologie）」と呼ぶことができるでしょう。そしてこれが哲学序説にもなるだろうと思います。『差異と反復』のほんとうの意味での目標は、思考のイマージュにおける諸公準の性質を扱うことだったのです。（『記号と事件』宮林寛訳、河出書房新社、二四九頁）

そしてドゥルーズは、『千のプラトー』でのリゾーム（根茎）もまた、「樹木のイマージュのもとに広がっていく思考のイマージュ」だったと述べている。

ただ、『差異と反復』での「思考のイマージュ」には、概念の創造を導くという役割よりは、差異と反復の思考を押しつぶす独断的前提という意味合いが強く、そのぶん、批判の対象としての側面が表に出ているのは、確かだ。そこでは、哲学者たちの思考の暗黙の前提となってきたものが、八つの公準（postulat）として剔出《てきしゅつ》され、検討されている。

普遍的本性たる思考

どんなに客観的前提から自由になったからといって、主観的前提を免れたことにはならない。その例として、ドゥルーズはデカルトを挙げている。デカルトは、どんなに疑っても疑いきれない確実な出発点として、「私は考える、ゆえに、私は存在する」というひとつの原理に到達したが、そこでは、「私」、「思考」、「存在」が何を意味するかが、だれでも知っているはずのこととして、前提とされているではないか。そこには、デカルトをはじめとして、多くの哲学者に共通の前提、思考の原理的なイマージュが見て取られるだろう。それは、だれにでも自然に、そして公平に分かちもたれている思考というイマージュだ。

これが思考のイマージュの第一の公準となる。すなわち、普遍的本性（自然）たる思考（cogitatio natura universalis）という公準だ。この公準において思考は、「思考者の良き意志と思考の正しき本性という二重の側面をもち、真なるものとの類縁性のうちにあり、真なるものを捉える力に恵まれた」ものとされている。

この原理的な公準から次の公準が出てくるだろう。理想としての共通感覚（sens commun）という、第二の公準と、モデルとしての再認という、第三の公準だ。

第二の公準にある共通感覚には、カント哲学で顕在化してくる諸能力の協和という意味合いがある。それと、その協和を保証する割りふりとしての良識（bon sens）とが、この公準に含まれるはずだ。第三の公準にある再認が、この第二の公準のモデルとなる。再認とは、同じものと想定される対象に向けて、すべての認識能力が協和して働くこととして定義されるが、逆に、同一的な対象としてねらわれるからこそ、諸能力は協和するともいえるからだ。いずれにせよ、再認というモデルにおいて、対象の同一性と、思考主体の同一性は、対応しあうこととなるだろう。

右の三つの公準から、表象＝再現前化という第四の公準が派生する。すでに触れたとおり、表象＝再現前化が、概念における同一性、概念規定における対立、判断における類比、対象における類似という、四つの要素からなるとすれば、概念の同一性は、再認における同じものの形式を構成すると思われるからだ。ほかの三つの要素に関係する能力も、思考の統一性のもとに一致協力するだろう。概念規定における対立が、可能な述語と、それに対立する述語との比較を含意するとすれば、そのような比較を可能にする能力として、想起と想像の能力が呼び出されてくるだろうし、類比には判断の割りふりの力が、類似には知覚が、それぞれ、かかわってくるからだ。

記号との遭遇

サンス・コマンには、共通感覚という意味とともに、常識という意味もある。そこにドゥルーズは、哲学的思考の暗黙の前提としてのドクサ（臆見）へのもたれかかりを見逃さない。これに対して、ドゥルーズが目指すのは、「逆説〔パラドクサ〕しか盟友としない」思考である。

このような思考は、諸能力が共通感覚の軛を離れ、各能力が自らの限界に突き当たりつつ、他の能力を暴力的に突き動かすようなあり方をこそ、理想とするだろう。カント哲学は、その共通感覚の理論によって、従来の独断的な思考のイマージュにくみすると見なされるが、『判断力批判』における崇高論は、共通感覚の軛を離れた諸能力の暴力的な交通状態をかいま見せもする。すでに触れた、『判断力批判』への高い評価は、このように新たな思考のイマージュへの糧《かて》ともされるのだ。

また、再認のモデルに対して、ドゥルーズは、それに代えるに記号《シーニュ》との遭遇というモデルをもってしようとするだろう。この遭遇されるものの特徴を、ドゥルーズは三つ挙げている。

第一に、感じられることとしかできないということ。このことは、経験的観点、すなわち再認の観点に立っては感じられえないということを意味する。この観点からは、諸能力の協和のもとで、他の能力でも捉えられるというあり方が含意されているからだ。そのような意味では感じられえないもので

差異と反復

122-123

ありながら、感性のある種の超越的行使のもとでは、感じられることしかできないもの、それこそがまさしく、記号と呼ばれるのだろう。

第二に、遭遇の対象としての記号、すなわち感じられることしかできないものが、まるで問題をになってくるかのように、魂に問題を立てるよう強制するということ。ここでは、記憶、それも超越論的な記憶がかかわってくる。この記憶とは、「思い出されることしかできないものを捉えることによって、習得を、そうした問題の領域で可能にするような記憶のこと」だからだ。思い出されることしかできないものとは、あれこれの偶然的な過去ではなく、過去そのものの存在であり、時間全体の過去である。それは、あれこれの経験的な記憶には、記憶されえないものなのだ。

第三に、超越論的記憶は、思考することしかできないものを捉えるよう強制するということ。思考することしかできないものとは、理解されえないものである。理解されうるということが、思考とは別のやり方で捉えられるものを思考する様態にかかわるとすれば。

このように、感じられることしかできないものとの遭遇は、思い出されることしかできないものを捉えるよう強制し、思い出されることしかできないものは、思考することしかできないものを思考するよう、強制する。感じられることしかできないものこそ、感じられるべきものだし、思い出されることしかできないものこそ、思い出されるべきもの、思考することしかできないものこそ、思考すべきものだろう。

感性、記憶、思考は、こうして、それぞれの限界に直面しつつ、強制力を伝えていく。記号との遭遇は、確かに偶然的であるほかない。しかしそうであればこそ、その遭遇により、思考するべく強制される思考は、必然的なものとなるだろう。思考のうちに思考を発生させること。共通感覚、再認、表象=再現前化といった公準によるかぎりは不可能な、思考のそのようなあり方を実現するのは、記号との遭遇なのである。

問題と習得

独断的思考のイマージュの第五の公準として、ドゥルーズは、否定的なものとしての誤謬《ごびゅう》という公準を挙げるだろう。この公準によれば、誤謬とは、偽なるものを真なるものと取り違えることでしかない。誤謬は、共通感覚、再認、表象=再現前化の諸要素に、いわば外的な結果としてもたらされる狂いが、思考のうちに降って湧いたようなものとしてしか理解されないのだ。そのような事態は、思考の善良な本性にとっては、あくまで外的な愚劣さ (bêtise)、狂気、悪意といったものの結果でしかあるまい。

これに対して、ドゥルーズは、愚劣さも、思考そのものの構造として捉え直そうとする。愚劣さは、思考と個体化との紐帯《ちゅうたい》のおかげで可能となると思われるからだ。そのような紐帯は、「思考する主体の感性をすでに構成している強度の場の中で成立するもの」と見なされるのである。

第六の公準として挙げられるのは、指示作用（désignation）の特権だ。これは、再認のモデルが論理学の領域でとる形にほかなるまい。論理学の対象としての命題とその真理性の条件は、その特権的な場を指示作用のうちに求めるからである。これに対して、意味と表現は、二の次とされるだろう。ところが、意味と表現に固有な次元は、逆説と問題の次元であるとしたらどうだろうか。ここで問題というのは、既存の解答の影のようなものとしての問題ではない。むしろ、真偽が本質的にかかわるものとしての問題である。そこにこそ、真偽の場としての指示作用の特権化をくつがえすものが見出されるだろう。

第七の公準、すなわち、真偽は解にしかかかわらないという公準が、指示作用の特権化と共犯的であるのは、見やすいところだ。第八の公準として挙げられる、知というかたちでの成果を重視する態度もまた、第六、第七の公準と不可分だろう。この第八の公準によれば、習得は過小評価され、習得の時間もまた、思考にとってはどうでもよいものと見なされるほかあるまい。ドゥルーズは、このような公準に対して、問題性そのものを理念と等置しようとする。習得および習得の時間は、問題をになってくる記号との遭遇において、まさに思考に本質的なもの以外のなにものでもないのだ。

『差異と反復』の「思考のイマージュ」の章では、このように、『プルーストとシーニュ』で語られた、記号との遭遇と習得、『ニーチェと哲学』で語られた批判と一体のものとしての創造、そういったことどもが、差異と反復の哲学の観点から、思考のイマージュをめぐって捉え直されている。ただ、この段階では、思考のイマージュは批判の対象としての側面が表に出ているため、概念の創造を導くものとしての側面が見過ごされるかもしれない。しかし、批判と創造とは一体のものなのである。概念の創造を導くものとしての側面は、すでに触れたとおり、リゾームのようなイマージュの採用によって、以後、いわば身をもって示されることだろう。

第四章

機械圏へ

1 機械状論

ガタリとの出会い

一九六九年、ドゥルーズは、開学したばかりのパリ第八大学ヴァンセンヌ校教授に指名された。その哲学講座の最初の教授にして選考中核メンバーだったフーコーの肝煎《きもい》りによる。彼は、『差異と反復』および『意味の論理学』の書評として書かれた「哲学の劇場」（『クリティーク』一九七〇年十一月）において、「いつの日か、世紀はドゥルーズのものとなるだろう」と、激賞するはずだ。

ちなみに、ヴァンセンヌ校の哲学講座は、ミシェル・セール、フランソワ・シャトレ、ジャン＝フランソワ・リオタールといった錚々《そうそう》たるメンバーを擁する、世界有数の講座となるだろう。その一方で、開学当初から、政治的なもめごとが多く、また、いろんな人たちの出入りするところとしても知られていたのだが。

フーコーとの対談「知識人と権力」（『アルク』ドゥルーズ特集号、一九七二年）は、サルトル流の全体化を旨とする知識人に対して、特殊を旨とする知識人を標榜する。闘争を全体化したり、その理論化や意味づけをはかったりするのではなく、明確な問題点について、局所的かつ根本的な闘争をめざそうというのだ。この時点で、ドゥルーズはすでに、一九七一年にフーコーが設立した刑務所情報集団

（ＧＩＰ）に合流していた。ほか、パレスティナ問題、同性愛者革命行動戦線（ＦＨＡＲ）、イタリアのアウトノミアなどにかかわっていったのも、局所的な闘争を心がけてのことだったろう。

こういった例からもうかがえるとおり、ドゥルーズが政治的にかかわった問題は、マイノリティ（少数派）の刻印をもったものばかりだということにも、注目したい。人権問題とか、ヨーロッパ統合問題など、あまりにも一般的な問題について、特に積極的にかかわった形跡はないのだ。

フェリックス・ガタリ

フェリックス・ガタリとの出会いがなされたのも、一九六九年だった。ラカン派の精神科医だったガタリは、その機械としての無意識という考え方により、ドゥルーズを精神分析から引き離し、反精神分析へと、転回させることとなる。また、ドゥルーズが政治的活動に積極的に関与していくにあたっても、フーコーとの関係だけでなく、ガタリとの関係が大きかった。

ガタリとの出会いは、二人が共同著作というスタイルをとることになるだけに、重要だろう。この共同著作というあり方について、ドゥルーズ自身は次のように語っている。

フェリックスの手にかかると、エクリチュールはどんなものでも引きずっていくスキゾ（分裂状）の流れになる。私の関心事は、ひとまとまりの文章が四方八方で逃走の水漏れを起こしながら、それでもなお卵のようにしっかりと閉じているということにあった。そして一冊の本の中に何かを溜めておいて、共振させ、速度をはやめ、幼虫のようなものがびっしり詰まった状態を作ること。それが私の関心事だったのです。こんな風だからほんとうに二人で書いたことになるし、この方面では、いかなる問題もなかった。そして推敲《すいこう》を重ねていったのです。（ドゥルーズ『記号と事件』宮林寛訳、河出書房新社、二八頁）

分裂症と無意識

二人の共著の最大の仕事といえば、やはり『アンチ・オイディプス』（一九七二年）と『千のプラトー』（一九八〇年）だろう。両著は、『資本主義と分裂症』の第一部と第二部を構成する。そのようなかたちで結実する仕事の意味について、少し、ドゥルーズの側から検討してみよう。

まず、精神分裂症に対する関心は、『差異と反復』で、「権利上の精神分裂症」について、「思考の最高度の力を特徴づけ、概念によるすべての媒介やすべての調停を一顧だにすることなく、《存在》を差異へと直接的に開くもの」（邦訳、一〇二頁）として語っているところからも、うかがえる。また、『意味の論理学』には、「精神分裂症の患者と少女」というセリー（章の代わりにセリーといわれている）があって、アントナン・アルトーとルイス・キャロルについて語られてもいた。

『アンチ・オイディプス』と『千のプラトー』では、この精神分裂症が、一貫して主要な手掛かりとされる。その理由は、分裂症こそが無意識のあり方をもっともよく示すと考えられたからだ。フロイトおよび精神分析が、分裂症を回避しがちであったことも、ひとつにはあるだろう。ともあれ、この二大著で、ドゥルーズとガタリは、精神分析に代えて、スキゾ分析を提唱することになる。

重要な展開は、むしろ、無意識を機械と見る考え方にしるされている。無意識という場の重要性は、ある意味で、それまでもドゥルーズの一貫したテーマであり続けた。『差異と反復』の全体が、ある意味で無意識論といってもよいおもむきをもつことは、すでに時間の綜合について触れたところからも、うかがえるはずだ。ドゥルーズは次のように言っていた。

まさに差異こそが、あるいは規定されうるものの形式こそが、無規定なものと規定作用との機械

の全体を機能させるのだ。(『差異と反復』邦訳、四一〇頁)

ここでの「機械」は、しかし、比喩といわれればそれまでかもしれない。やはり、無意識を、比喩ではなく、はっきりと機械として見なそうとする態度は、ある種の触発としてガタリからもたらされたと思われる。問題は、機械を概念として取り込む際の、ドゥルーズなりの態度だろう。

文学機械

『アンチ・オイディプス』に先立つ二年前の一九七〇年、ドゥルーズは、『プルーストとシーニュ』に「アンチロゴスまたは文学機械」という重要な論考を付け加えた。さらにのちの増補改訂版(一九七六年)に「文学機械」として収められることになるこの論考は、『アンチ・オイディプス』を先取りする視点を、すでにいくつも含んでいる。なによりも注目されるのは、「文学機械」という言い方にもうかがえる、一種の機械状論《マシニスム》の視点だろう。それが端的に表明されている箇所は、たとえば次のとおり。

> 『失われた時を求めて』は、単に道具であるだけではなく、ひとつの機械である。現代の芸術作品は、望まれるすべてのもの、これであり、あれであり、さらにあれでもある。望まれるすべてのものであるということ、それが進行していくとき、望まれるものの多元決定をもつということが芸術

作品の特質でさえある。つまり、現代の芸術作品は、ひとつの機械であり、機械として機能する。

（邦訳、一六二頁）

ただし、ここで問題となる機械は、けっして全体化することのない機械だ。すなわち、既存の統一性と全体性を前提とすることもなければ、来たるべき目的としての統一性と全体性を前提とすることもない機械。そして、そのような意味での全体化を不可能にするもの、それこそが時間なのだ。このような設定は、何か重要なものを告げ知らせている。すなわち、機械論（mécanisme）にも、生気論（vitalisme）にもよらずに、どのようにして全体を語りうるのか、という問題を。

このような問題設定に関して、ベルクソンの『創造的進化』がドゥルーズの念頭にあったのは、間違いあるまい。ベルクソンは、そこで、自らの生の哲学によって、機械論と目的論的な生気論とを超えようとの意図を、はっきりと打ち出しているからだ。そこでベルクソンが提案したのが、あのエラン・ヴィタールの概念であったのは、よく知られていようし、エラン・ヴィタールについてのドゥルーズなりの受け取りかたは、すでに簡単ながら、見たとおりである。この機械論と生気論の乗り超えに関して、ドゥルーズが、一見エラン・ヴィタールと対蹠的な機械状論の道をとったという点にも、ベルクソンへの距離の取り方を見たく思うのだ。

欲望する機械

『アンチ・オイディプス』においても、「アンチロゴスまたは文学機械」を受けるかのように、芸術作品は「欲望する機械（machines désirantes）」として規定されるだろう。しかし、『アンチ・オイディプス』では、実在そのものが、欲望する機械として捉えられ、議論全体が、欲望する機械を軸として進行する。芸術作品の規定も、そのような議論の中で理解されねばなるまい。

それにしても、欲望する機械とは、どのようなものか。そもそも、二つの別種のものであるはずの欲望と機械とが、このように結合されてよいものなのか。これは基本的な問題であり、ドゥルーズとガタリも、『アンチ・オイディプス』の中で、その問題に答えている。

注目されるのは、欲望する機械という基本的な設定において、機械論と生気論を乗り超えようとするもくろみが透けて見えることだ。機械論は、機械的因果性や構造的統一性を引き合いにだし、そのような統一性により生物をも説明しようとする立場のことであり、生気論とは、生物の有機体としての目的性や個体的統一性を優先させようとする立場をさす。前者の立場からすれば、欲望は、機械的な因果性によって決定されるだろうし、後者の立場からすれば、機械は、欲望の目的のための手段にすぎないだろう。いずれにせよ、機械と欲望、さらに機械と有機体は、たがいに外的な関係しかもちえない。

しかし、このように外在的な関係自体が、実は、機械のマクロな捉え方に由来するとすれば、どうだろうか。ミクロな捉え方をするならば、区別するのも無意味なほど、相互に内在化されるのではないだろうか。

事実、ドゥルーズとガタリが、機械論と生気論に代えて提案するのは、機械のマクロな見方とミクロな見方である。マクロな見方によれば、機械も有機体も、単一体としてしか現われず、統計学的に個体としてのまとまりを示す。反対に、ミクロな見方によれば、機械も有機体も、それぞれの単一体としての統一を奪われ、それぞれの部分相互に、浸透や交通が織りなされることになる。マクロな見方により示される機械の状態は、モル的な状態と呼ばれ、ミクロな見方により示される機械の状態は、分子的な状態と呼ばれるだろう。

ただ、この場合、ドゥルーズとガタリ自身も認めるとおり、これら二つの状態は、機械の状態と呼べると同時に、生物の二つの状態と呼ぶこともできる。そこをあえて「機械」というところに、仮説的な選択が働いたと見なさねばなるまい。このように機械状論には、当初から仮説的な方法論という面が色濃いということは、念頭に置いておくべきだろう。

欲望する生産

ドゥルーズとガタリは、従来の欲望理解は、欠如の相のもとに置かれていたとする。すなわち、欠如したものを獲得しようとするのが欲望の根本特性と見なされてきたとするのだ。フロイトも例外ではない。無意識の欲望により生産されるのは、実在に欠けているかぎりでの幻想とされるのだし、無意識の欲望が経由するはずの去勢幻想も、欠如が威圧的な相のもとに現われるものにほかならないからだ。

これに対して、ドゥルーズとガタリは、あくまで実在的な生産過程を、欲望のうちに見て取ろうとするだろう。すなわち、無意識の働きを、欲望する生産（production désirante）という、あくまで肯定的なかたちで捉えようとするのである。

では欲望する生産とは、どのようなものなのか。ドゥルーズとガタリは、それを三つの点から規定している。まず、生産の生産。次に、登録の生産。第三に、消費の生産である。

生産の生産は、接続的綜合（synthèse connective）とも言い換えられる。これは、欲望の流れが、〈これと、あれと〉という具合に、〈と〉を介して次々に組み合わされていくあり方をさす。ここで接続されるのは、流れと切断である。すなわち、流れを生産する機械と、流れを切断する機械が組み合わされ、切断する機械は、今度は流れを生産する機械となり、さらにその流れを切断する機械に接続されるという具合に続いていく。

たとえば、ミルクの流れは、口によって切断され、胃や腸による切断を経て、肛門によって切断される排泄物の流れとなる。この場合、これらの生産し切断する機械は、器官機械であるが、あくまで部分対象としてのそれであることを銘記しておこう。

登録の生産とは、欲望する機械が、器官なき身体（corps sans organes）の表面に配分され、登録されるやり方にかかわる。器官なき身体とは、諸器官もしくは欲望する諸機械の有機的組織化に抗い続ける原初的な全体であり、欲望する機械が記号として登録される支持体ともなるものだ。ちなみに、「器官なき身体」という言葉は、アントナン・アルトーから借りられている。

登録の生産は、離接的綜合（synthèse disjonctive）と言い換えられるだろう。それは、器官なき身体上での登録が、〈これであれ、あれであれ（soit..., soit...）〉というかたちをとるからだ。このように、離接（選言）とはいえ、〈これか、あれか〉という二者択一的なかたちをとるものではない。したがって、この段階で、私は親か子のどちらかであるとか、母か父かのどちらかであるとかいった、二者択一を迫られる必要はなく、たとえばアルトーが言ったように、「この私は私の息子であり、私の父であり、私の母であり、そして私である」といった事態も想定されるのだ。

登録は生産に折り重なり、登録の生産は生産の生産によって生み出されてくるのと同様に、消費は登録に続いて起こり、消費の生産は登録の生産によって、しかも登録の生産の中で、生み出されてくる。消費の生産は、登記の表面上に姿を見せる主体にかかわるものだ。ここで主体は、いかなる取り分を吸収するか、何を消費するかによって、その結果として、自らを明確化する。主体とはいえ、同一性を欠いた主体なのだ。

消費の生産は、連接的綜合（synthèse conjonctive）と言い換えられる。〈だから、これは……である〉というかたちを取るからだ。この綜合は、そのつどの消費の終点において、たとえば、「だから、これは私である」というほかない、主体のあり方を指し示す。要するに、残余としての主体、残りものとしての主体だ。それでも、この主体は、あくまで「私は感じる」というあり方をする。たとえば、「私は神になると感じる」とか、「私は女になると感じる」とかいった具合だ。しかも、それは、しかじかの強度を享受した結果としての「私は感じる」なのである。

ドゥルーズとガタリは、これら三つの生産、三つの綜合を、エネルギーのあり方によって特徴づけてもいる。まず、欲望する生産の接続的作業がリビドーと呼ばれ、このリビドー・エネルギーの一部が、離接的登記のエネルギーとしてのヌーメンに変えられ、さらにこのヌーメンの一部が、消費のエネルギーとしてのウォルプタスに変えられるといった具合だ。ちなみに、ヌーメンとは、神聖さを表わすラテン語、ウォルプタスは、享受を表わす、やはりラテン語である。

器官なき身体

器官なき身体は、確かに、全体として規定されるかもしれない。しかし、この全体は、諸部分のかたわらに、ひとつの部分のように生み出される全体だ。この部分のような全体は、諸部分を統一化することも、全体化することもない。このような全体性は、横断的(transversale)な全体性であり、統一性である。

このような全体性については、機械論も、生気論も、いうべき言葉をもたない。機械論といえば、起源の全体性を想定し、生気論といえば、目的の全体性を想定するばかりだからだ。結局のところ、全体と部分の問題は、生気論によっても、機械論によっても、正しく提起されてはいない。

重要なのは、そのような横断的全体性、かたわらにあるものとしての全体性は、多様体としての欲望する生産の規定と不可分であることだ。《一》と《多》とのどちらにも限定されず、どちらをも超え出るものとしての多様体だ。

ただ、この多様体は、さまざまな強度からなる多様体である。強度という点からいうと、器官なき身体は、そこから出発して強度が測られる強度ゼロを示す。そのかぎりで強度の母胎だといってもよい。部分対象もしくは器官は、そこから出発して、さまざまな強度の度合い、強度的な諸部分として生み出されてくる。器官なき身体が、生命のもっとも原始的形態として示されるのも、そのためだろう。

誤解してはいけない。器官なき身体は、器官と対立するのではない。ともに多様体を作りなすことで、有機体、すなわち、器官の有機的組織化に抵抗するのだ。この点は、重要な区別である。身体とは、有機的に組織されているとは限らないのだから。

器官なき身体が、死の本能と等置されているのは、確かに、とまどわせるかもしれない。いいかえると死のモデルとして、示されている。死のモデルと対置されるのは、死の経験だ。ドゥルーズとガタリは、ブランショを引きながら言う。死の経験においては、「ひとは死ぬことをやめずに死に続けて、いつまでも死にきらない」。これに対して、同じ主体が死のモデルを受け取るとき、実際に死に、私として固定される。すなわち、ついに死ぬことをやめるのだ。

死の経験において、ひとが死に続けるのは、強度ゼロもまた絶えず備給され、感じ取られるからにほかならない。それが、強度そのものが感じ取られる条件でさえある。ドゥルーズとガタリは、死のモデルと死の経験との間を往還し続けることを推奨するだろう。それこそが、死を分裂状のものにすることだというのである。これは要するに、生を強度の生成において生きるというに等しい。死の経験が永遠回帰として示されるのは、そのためだろう。

プルーストの『失われた時を求めて』における語り手が、器官なき身体として理解されるとき、また別の側面が問題となるように思われる。それは、創造されるものとしての側面だ。そういった側面は、『千のプラトー』で、多分に顧慮されてくるだろう。

『差異と反復』は、「もろもろの事物が、一義的で分割されない一つの《存在》のまったき広がりの上に自らを展開していく」彷徨《ほうこう》の配分、ノマド的配分を語っていた。器官なき身体上での欲望する生産のあり方を予告するようではないか。

ドゥルーズの語る一義的存在上でのノマド的配分は、表象=再現前化の規則に従う定住的配分とは異なる。同様に、無意識における欲望する生産のあり方は、表象=再現前化の規則に服しはしないだろう。にもかかわらず、それを表象=再現前化しようとする動きが無意識の生産をおおい尽くそうとするだろう。それこそ、精神分析において、それも精神分析の家族主義において、起こったことだ。ドゥルーズとガタリにとって、家庭的ということは、表象=再現前化の本質に属すからであり、表象=再現前化を優先させることは、必然的に生産を窒息させることになるからである。

オイディプス化への道

無意識を、あるいは欲望する生産を、家族という表象のもとに服させること、すなわちオイディプス化は、どのようにして行なわれるのだろうか。

それは、誤謬《ごびゅう》推理と超越的使用によってである。ドゥルーズとガタリは、欲望する生産の三つの様態に即して、精神分析が推し進めたオイディプス化を告発するだろう。

まず、接続的綜合の、内在的な使用、すなわち欲望生産に即した使用とは、部分対象と流れの接続と切断からなるものだ。それを、ドゥルーズとガタリは、部分的で非種別的使用と呼ぶ。部分的というのは、欲望の流れが、全体としてのひとりの人間の姿態を備えた人物に向けられる必要もないままに、あくまで部分的な対象に向かうからであり、また、非種別的というのは、主体は、ここで男女いずれかの性に種別化される必要がないからである。

ところが、私というものが、明確に種別化され、全体的な姿形を備えたものとして確立されるのは、父母という両親のイマージュとの関係をとおしてでしかあるまい。それはすでに登録の綜合、それも、その二者択一的な使用を前提とするだろう。通常の性愛、すなわち異性愛のかたち、あるいはそのネガとしての同性愛のかたちを思い描いてみよう。いずれにせよ、男女の種別化と、人としての全体的姿形を前提とするものではないだろうか。

接続的綜合の部分的で非種別的な使用ではなく、全体的で種別的な使用を、ここに想定するのは、そのためだ。父―母―子というオイディプス的三角形は、登録の離接的綜合の両親的使用において形成されるが、生産の全体的で種別的な使用をとおして、婚姻的使用として再生産される。これが、無意識の生産については、不当な使用であるのは明らかだろう。すでに自ら以外のところから、基準を借りているからだ。

トランスセクシュアル

では性愛に関して、部分的で非種別的な使用を考えることができるのだろうか。モル的なかたちでの両性のおおざっぱな対立ではなく、欲望する生産の分子的な多様性へと開かれる性愛のようなものを。

ドゥルーズとガタリは、プルーストのトランスセクシュアリズムを挙げている。『失われた時を求めて』の中で、語り手がその恋人アルベルチーヌにはじめてキスしようとする場面の最終局面になると、アルベルチーヌの顔は分子的ないくつもの部分対象となり、語り手は、器官なき身体に戻っていくというのだ。

プルーストは同性愛者といわれてきたが、トランスセクシュアル（横断性愛）の人として扱われるべきだと、ドゥルーズとガタリは言う。モル的なレベルでは、男性とは、雄の部分が優位にある人間、女性とは、雌の部分が優位にある人間というにすぎない。分子的なレベルでは、男性の雌雄両面と、女性の雌雄両面とをまじわらせて、性を複数化し、多様化していくことも可能なのだと、プルーストはさまざまな場面で示唆している。たとえば、表向きは異性愛に見えても、男の雄的側面が、女の雄的側面とまじわろうとするかもわからないし、男の雌的側面が、女の雌的側面にまじわろうとするかもわからない。また、男の雄的側面が、女の雌的側面とまじわろうとする一方で、その女に寄ってくる別の男の雄的側面と、当の男自身の雌的側面をまじわらせようとすることもありうるだろう。

トランスセクシュアリズムでは、このように、欲望の流れと部分対象とがさまざまに結ばれては切断されるということが、実際に起こりうる。それこそ、接続的綜合の部分的で非種別的な使用によるものといってよい。さらにここには、離接的綜合もからんでくる。

離接的綜合の排他的限定的使用

登録の生産である離接的綜合は、器官なき身体上に配分され登録される特異点にかかわるものだ。

離接である以上、個々の特異点は、距離によって隔てられている。しかし、この距離は、それが隔てる一方を他方によって限定するものでもなければ、他方を一方によって排除するものでもない。ここで、距離は、必ずしも否定を表わすものではないのだ。このことは、トランスセクシュアリズムにおける雄的側面と雌的側面との距離についてもいえることだろう。いずれにせよ、そこから、離接的綜合の〈これであれ、あれであれ〉というあり方が生じる。したがって、登録の生産の内在的使用は、包括的で非限定的な使用、肯定的な使用であるはずだ。

ところが〈これであれ、あれであれ〉は、いつのまにか、〈これか、あれか〉に変えられてしまう。排他的で限定的な使用、否定的な使用が行なわれてしまうのだ。親と子の距離、それでは、二つの項は相互に排他的で限定的であるほかないのではないか。そこにオイディプスは、つけ込むはずだ。距離は、欲望を強制する距離であるとともに、それを禁止する距離でもある。子供は親を欲望の対象とせざるをえないが、それは許されない。もしその距離を踏み越えるなら、子よ、お前は、未分化の夜、神経症の夜に突き落とされるだけだろう。オイディプス・コンプレックスの内実とは、そのようなものだ。なんのことはない、登録の生産に、そこに内在しない使用法を押しつけているだけなのだ。そうであってみれば、オイディプス・コンプレックスの問題は、すぐさま解消するだろう。なぜなら、そもそも問題そのものが、そこにはないからだ。

連接的綜合の分離的一対一対応的使用

消費の生産、もしくは連接的綜合に関しては、器官なき身体上に配される世界史的なことども、たとえば人種、文化、人物、神々を、さまざまな強度状態として享受しつつ、旅をするノマド的主体しか、そこには存在しない。要するに、そのような享受の結果として、「私は神になると感じる」、「私はモンゴル人になると感じる」、「私はジャンヌ・ダルクになると感じる」などなど、消費の生産に特有の〈だから、これは……である〉がある。ここに内在する使用法は、ノマド的で多義的な使用だといってよい。

ところが、そこに特定の社会や、人種などを分離してしまい、家族関係と対応させようとするなら、とんでもない誤用となるだろう。そこから出てくるのは、せいぜい、「だから、それは父だったのだ」とか、「だから、それは母だったのだ」とかいった、オイディプス的三角形への貧相な還元でしかあるまい。こうなると、ノマド的で多義的な使用を押しのけて、分離的で一対一対応的な使用がいすわることになる。ここにも、精神分析に巣くう途方もない家族主義の帰結があるのだ。

オイディプス化を推し進める家族主義が見落としているのは、もしくは見ようとしないのは、無意識の欲望が、社会野に直接、備給されるということだ。一方に、家族内の個人的幻想があり、他方に、社会的生産があるのではない。幻想は、そもそも集団的なのであり、世界史にまで及ぶものなのだ。その点で、分裂病者の妄想や幻覚が示す世界史的遍歴は、消費の生産の真相をつくものといってよい。

置き換えと派生

精神分析が無意識のうちにオイディプスを想定するにあたって、抑圧されるものの置き換えという誤謬推理がなされているのを、ドゥルーズとガタリは見逃さないだろう。すなわち、近親相姦は法によって禁止されている。したがって、近親相姦は自然な欲望なのだという、推理である。

このように、形式的に禁止されているものから、実際に禁止されているものを推理できるのは、二つの項しか存在しない場合だけだろう。ところが、ここで問題になっているのは、次の三つの項なのだと、ドゥルーズとガタリは言う。

まず、抑圧を操作する〈抑圧する表象作用〉、第二に、抑圧が実際に対象とする〈抑圧される表象表現〉、第三に、〈置き換えられる表象内容〉である。ドゥルーズとガタリによれば、抑圧されるものについて、ごまかしのイマージュを与える張本人は、第三の〈置き換えられる表象内容〉なのであって、それこそがオイディプスの正体にほかならない。

抑圧は、欲望を置き換えることなしには、作動しえない。すなわち、抑圧が働くときにはかならず、〈原理的にあるいは実際に抑圧の対象となっている先行する欲望〉は背後に隠され、〈まさに罰が厳しく用意されている結果としての欲望〉が表面に押し出されるのだ。(『アンチ・オイディプス』市倉宏祐訳、河出書房新社、一四五頁)

このごまかしのイマージュとしてのオイディプスが、オイディプス・コンプレックスへと仕立てあげられていくには、抑圧と抑制との関係が問題とされるだろう。なお、ここで、抑圧とは、無意識にかかわるもの、抑制とは、社会にかかわるものという具合に区別されている。

ドゥルーズとガタリによれば、抑圧のうちには、根源的に二重の操作が含まれているという。第一に、「抑制的な社会的形成体をして、その権力を、抑圧の審級にゆだねさせるという操作」、第二に、第一の操作と相関するかたちで、「抑制された欲望を、置き換えられた偽りのイマージュによって、いわばおおい隠してしまうという操作」である。「抑圧の審級」を家庭とし、「偽りのイマージュ」を近親相姦の欲動とするならば、オイディプス・コンプレックスが仕立て上げられるだろう。そこで起こるのは、次のことだ。

抑制的な社会的生産が、抑圧する家庭によって代行されるということとともに、この抑圧する家庭が、欲望する生産について、〈置き換えられたイマージュ〉を与え、この〈置き換えられたイマージュ〉が、抑圧されるものを家庭的な近親相姦の欲望として表象するということ。（前掲邦訳、一五〇頁、傍点抜きで引用）

この点も含めて、欲望する生産と社会的生産との関係を、オイディプス化に先行するものとして、銘記すべきだろう。オイディプスは、あくまでその関係から派生するものにすぎない。〈後から〉派生するものを、当初から存在するものとして措定すること、それもまた、誤謬推理に属するのだ。

スキゾ分析へ

精神分析は、これまで述べたような誤用と誤謬推理によって、無意識をオイディプス化してしまう。それは、無意識に神話的表象を持ち込み、無意識を劇場のようなものにしてしまうということだ。無意識の生産、受動的綜合としても規定される、あの三つの綜合は、こうして表象＝再現前化の支配に服してしまうだろう。おまけに、表象＝再現前化の原語にあたる représentation には、上演という劇場的含意もある。差異を表象＝再現前化に服させる存在論を徹底的に破壊し尽くそうとしたのが、『差異と反復』だったが、そこでの思考は、いまだ精神分析の用語を尊重するかたちで展開されていた。たとえ、フロイトの基本的な思考を批判していたとしても。

これに対して、『アンチ・オイディプス』で提唱されるスキゾ分析は、フロイトおよび精神分析にひそむ表象＝再現前化の残滓《ざんし》まで、徹底的に破壊し尽くそうとするようだ。そのことは、いま見たばかりのオイディプス化の批判からも、うかがえるとおりだろう。まず、破壊的側面について、次のように言われている。

破壊せよ。破壊せよ。スキゾ分析の仕事は、破壊をとおして行なわれる。すなわち、無意識をまるまる清掃し掻爬《そうは》することをとおして行なわれる。破壊せよ。オイディプスを、自我の錯覚を、超自我のあやつり人形を、罪責感を、法律を、去勢を……。（『アンチ・オイディプス』邦訳、三六九頁）

超自我も、罪責感も、法律も、去勢も、フロイトの考えでは、近親相姦の禁止、およびそれと不可分なオイディプス・コンプレックスから来るものと見なされていた。スキゾ分析には、このように破壊的な側面だけではなく、積極的な側面もある。積極的な任務は、二つに分けられて提示されるだろう。その第一のものについては、次のとおりだ。

解釈にはまったく頼らずに、ひとりの主体において、その欲望する諸機械の本性、その形成、その作動を見出すこと。（前掲邦訳、三八二頁）

これは、すでに欲望する機械について触れたところから、ある程度、察しがつくだろう。スキゾ分析の第二の積極的任務としては、欲望の社会性にかかわる命題が四つ示されている。次のとおりだ。

スキゾ分析の第一の命題は、いっさいの備給が社会的なものであり、何ごとが起ころうとも、歴史的社会野を対象とするということだ。（前掲邦訳、四〇六頁）

スキゾ分析の第二命題を、正確に述べることができる。それは「社会的諸備給の中で、集団もしくは欲望の無意識的備給と、階級もしくは利害の前意識的備給とを区別せよ」というものだ。（前掲邦訳、四〇九頁）

スキゾ分析の第三命題は、「事実と権利とのいずれからいっても、社会野のリビドー備給は、家庭的備給に優先する」ことを定立する。（前掲邦訳、四二四頁）

スキゾ分析の最後の第四命題は、スキゾ分析がリビドーの社会的備給の二つの極、すなわち、パラノイア的、反動的、ファシズム的な極と、分裂症的で革命的な極とを区別するということだ。（前掲邦訳、四三七頁）

マルクスとの関係

これら四つの命題からは、マルクス主義的な匂いが感じられるだろう。確かに、『ニーチェと哲学』の段階では、マルクスは、つまるところヘーゲル弁証法の系譜に属する思想家として片づけられていた。ところが、『差異と反復』では、おもむきが変ってくる。そこでマルクスは、社会的問題を、理念の微分的＝差異的な潜在性を示すものとして捉え、その潜在性の顕在化を分化＝差異化のプロセスとして理解した思想家と、見なされるのだ。そうであるかぎり、マルクスは、対立、矛盾、疎外という、ヘーゲル的概念の桎梏《しっこく》から、解き放たれている。要するに、マルクスもまた、『差異と反復』のドゥルーズ哲学の枠組みの中に組み込まれていたことを忘れてはなるまい。

『アンチ・オイディプス』におけるマルクスへの傾斜は、けっして唐突なものではないのである。ただ、欲望する生産からの唯物論、唯物史観であることは、注意しておかねばなるまい。そもそも、欲望する生産と社会的生産との間に、本性の差異はなく、体制の差異しかないからだ。

第四命題にある、リビドーの社会的備給の二つの極を区別せよというのは、従属、ファシズムを欲望するということが実際に起こるからにほかならない。これに対して、分裂症的で革命的なあり方は、従属からの逃走を欲望する。このように、社会的なあり方も、欲望する生産のあり方との関係で見られねばならないのだ。第二命題は、革命的に見える集団、革命思想を声高に唱える集団でも、実際には隷属を欲望する反動的集団でありうることに、注意を促す。

3 リゾーム圏と機械圏

リゾーム

『アンチ・オイディプス』に続く、『資本主義と分裂症』第二部として、『千のプラトー』は書かれた。書物の名前およびその中の章の名前ともなっているプラトー（高地）とは、ベイトソンから借りた用語で、強度の連続体の帯域をさす。

その第一章、すなわち第一プラトーは、リゾーム論となっている。リゾームとは、樹木との対比のもとで発想されたものだ。ここで樹木とは、統一性、全体性についての表象=再現前化のモデルを表わすものとみてよい。ドゥルーズは、リゾームの特徴を六項目に分けて挙げているが、ここでは、四項目にまとめて、提示しておこう。

① 接続と異質性
② 多様性
③ 非意味的切断
④ 地図作成

第一の項目については、リゾームのどの点も他のどんな点とでも接続されうるし、接続されるべきであって、しかもリゾームの諸要素は異質性からなるということだ。第二項目の多様性は、線の接続によって作りなされる多様性である。特に重要なのは、逃走線、脱領土化の線といった、外部との関係を指し示す線だ。これに対して、樹木は、固定した点や位置に支配されるだろう。

第三項目の非意味的切断というのは、任意の切断や折り曲げが可能だということだ。それにより、あまりにも意味をもちすぎる切断に対抗しようとする。第四項目にいう地図とは、複写、複製と対置されるものだ。複写のほうは、モデルにもとづき、つねに同じものに戻ろうとするのに対して、地図のほうは、モデルに依拠せず、多数の入り口をもち、変化可能で、開かれている。

三つの線

このようなリゾームの特徴づけを見ると、おおむね、『アンチ・オイディプス』で提示された欲望する生産、欲望する機械のあり方を敷衍《ふえん》したものであることに気づく。ただ、線の役割が、強調されてきたように思われる。地図作成というのも、そのことと関係があるだろう。そしてどうやら、スキゾ分析の役割も、こういった線のあり方に関係づけられていくように思われるのだ。ドゥルーズとガタリは、次のように言う。

> 複数の線はひとつの「器官なき身体」に刻まれ、そこではすべてが作図され、逃走し、想像的形象も象徴的機能もない抽象線そのものとなる。すなわち、器官なき身体の実在性。スキゾ分析にそれ以外の実践的対象はありえない。(……)スキゾ分析の対象は、要素でも集合でもないし、主体や関係でもなければ、構造でもない。スキゾ分析の対象は、集団も個人もことごとくつらぬく線の配

置をおいてほかにはないのである。(『千のプラトー』宇野邦一ほか訳、河出書房新社、二三三―二三四頁)

問題となる線としては、少なくとも三つのものが考えられている。まず、輪郭のはっきりした硬質の切片性の線、すなわちモル的な線。次に、分子的でリゾーム型の線。第三に、抽象線、すなわち逃走線だ。

モル的な線は、点に従属する。水平線と垂直線が斜線を従わせる、均質的な条理空間(espace strié)を描き出す。つねに優越的で補完的な次元にある〈一なるもの〉に従う樹木的なシステムを形成する線といえる。

分子的な線は、点と点の間をすり抜けつつ、自らの通過するもの以外に次元をもたない、平滑空間(espace lisse)を作り出す。この線が構成する多様性は、〈一なるもの〉に従属せず、それ自体で共立性をえる。それは、ノマド的な多様性、生成する多様性であって、数えられる要素と秩序だった関係とからなる多様性ではない。パトス論的には、分裂症的な多様性を表わすともいう。分子的な線は、しかしながら、樹木化する危険性と隣り合わせであることを忘れてはいけない。この線は、モル的な線と、逃走線との間を揺れ続けるといえるだろう。

逃走線は、逃走線で、それなりの危険性をもつ。創造的な潜在性を放棄するなら、いつでも死の線に変わり、単なる破壊の線におちいりかねないのだ。

実際には、これら三つの線は混じり合っているだろうし、また、どのような座標系を選ぶかに応じて、生の線にも、文学や芸術の線にも、社会の線にもなりうるだろう。いずれにせよ、切片性の線は、領土性や地層にかかわり、逃走線は、脱領土化や脱地層化にかかわる。これらの線の分析は、『千のプラトー』において、途方もない広がり、宇宙論的ともいってよいほどの広がりに及ぶことにもなるはずだ。

地層と脱地層化

ドゥルーズとガタリには、地理学、地質学に対する偏愛を示す用語法が見られるが、地層と脱地層化に関する理論も、そんな中に含められるだろう。地球上の生命の誕生と進化を射程に入れた第三プラトーは、「道徳の地質学」となっており、物理化学的地層、有機的地層、人間的形態の地層という三つの主要地層が扱われている。しかしここでは、器官なき身体との関係で語られる三つの地層に触れておこう。すなわち、有機体、意味性、主体化の三つである。

器官なき身体上の、蓄積、沈殿、凝結、褶曲《しゅうきょく》、折り返しといったものとして、有機体、意味作用、主体は形成される。器官なき身体を拘束する、このような地層化を一方の極とすれば、もう一方の極として、器官なき身体を共立平面（plan de consistance）へ向けて解き放つ、脱地層化が考えられるだろう。脱地層化については、たとえば次のとおりだ。

地層の集合に対して、器官なき身体は、共立平面の特性として非分節（またはn分節）を、この平面上の作用として実験を（シニフィアンなど存在しない、解釈してはならない）、運動としてノマド性（たとえ場所を移動しなくても、動きたまえ、動くことをやめてはいけない、不動のままする旅、脱主体化）を対置する。（前掲邦訳、一八三頁）

このような脱地層化を確保するには、抽象機械（machine abstraite）と、組み立て（agencement）とが必要だと、ドゥルーズとガタリは考えるだろう。さもなければ、器官なき身体は、あまりにも多くの危険にさらされ、その脆弱《ぜいじゃく》さをさらけ出すだけだと思われるのだ。

抽象機械と組み立て

実のところ、組み立てには、一方で、表現と内容という側面があり、もう一方では、領土性と脱領土化、地層と脱地層化という側面がある。表現は、記号の体制にかかわる言表行為の組み立てを表わし、内容は、実践システムにかかわる機械状の組み立てを表わす。簡単にいえば、表現は、何を言おうとするのかにかかわり、内容は、何をしようとするかにかかわるのだ。

抽象機械は、組み立ての〈脱〉の側面、すなわち、脱地層化、脱領土化、脱コード化の先端によって定義される。そうであるかぎり、生成を構成し、つねに特異で内在的だといえるだろう。抽象的というのは、形式とも実質とも無縁だからだ。

ちなみに、形式と実質とは、デンマークの言語学者、イェルムスレウの用語で、それによると記号は、表現と内容に分節され、表現と内容はそれぞれ、形式と実質に分節されるとする。このような二重分節のあり方を、ドゥルーズとガタリは、記号だけでなく、地層にも適用するだろう。だからこそ、『千のプラトー』では、イェルムスレウのことを、少しおどけて、「スピノザ主義の地質学者」と形容したりもするわけだ。ここには、『アンチ・オイディプス』以来の、この言語学者への高い評価が反映されていると見るべきだろう。

いずれにせよ、こうして抽象機械は、形式および実質と無縁である以上、表現と内容という分節とも無縁である。抽象機械は、自らを構成しつつ、共立平面を構成しなければならない。いいかえるなら、共立平面が連続的変化の平面だとすると、それぞれの抽象機械は変化のプラトーなのである。創造的であるかぎりにおいて、抽象機械が日付と名前をもつことも、銘記すべきだろう。だからこそ、たとえば、アインシュタインの抽象機械とか、ウェーベルンの抽象機械、ガリレオの抽象機械などを語ることができるのだ。

内在的で特異だからといって、抽象機械が、超越的なモデルとして機能しないといえば、嘘になるだろう。内在的で、接続を増殖させる、そのような抽象機械と並んで、あと二つのタイプのものが挙げられている。ひとつは、共立平面を別の平面によって包囲する地層化の抽象機械。いまひとつは、全体化、均質化、閉鎖的連接を行なう超コード化的もしくは公理的な抽象機械である。

そういった機械からなる圏域を、ドゥルーズとガタリは、機械圏（Mécanosphère）と呼ぶだろう。しかし、抽象機械と組み立てをあわせて、機械圏と呼んだり、リゾーム圏（Rhizosphère）と同義であるかのように、機械圏を語りもする。これは、ドゥルーズの機械状論が、生命と機械との判別が不能となるほどの分子的レベルから発想されたものであるところからくる、曖昧さだろう。

すでに触れたとおり、その機械状論は、仮説的性格をぬぐいきれない。しかし、その点を念頭に置けば、生成を強化し、確固たるものにする担い手としての抽象機械の役割を見失うことはないだろうし、また見失うべきではないのだ。

音楽と生成

音楽に例をとってみよう。『千のプラトー』の第十一プラトー「リトルネッロ」は、音楽に捧げられているし、第十プラトー「強度になること、動物になること、知覚しえぬものになること……」でも、かなりな部分で音楽が扱われている。

領土は、最初の組み立てであり、組み立ても、最初は領土的なのだと、ドゥルーズとガタリは言う。重要なことは、そうしたことが、芸術とともに起こるということだ。となると領土的組み立て自体が、芸術的作業ということになる。このことは、さらに重要かつ意外な事態を、指し示さずにはいない。芸術は、人間とともに始まるものではないということだ。たとえば、鳥の歌声、それはすでに領土を組み立てる作業ではないだろうか。リトルネッロの定義を、傍点抜きで、次に引こう。

リトルネッロは、領土的組み立てに向かい、そこに落ち着き、そこから外に出る。一般に表現の質料が集まり、それが領土を成立させ、領土的モチーフや領土的風景に発展していくとき、これをリトルネッロと呼ぶ。(『千のプラトー』邦訳、三七三頁)

リトルネッロとは、狭義の音楽用語としては、反復される楽節や楽曲をさす。ここで反復とは、差異と不可分なものとしての反復が想定されているようだ。『差異と反復』において、詩におけるリフレインが、ちょうどそうだったようにである。いずれにせよ、リトルネッロと領土的な組み立てとの関係は、先の引用によって明言されているとおりだ。しかし、リトルネッロは領土的組み立てから「外に出る」ことにもなる。

脱領土化の運動が、すでに動物において、途方もなく大規模におよぶ例は、いくつも知られているだろう。たとえば、サケが行なう水源への旅、太陽や磁極の方向を追う鳥の渡りの現象などである。ここには、別のタイプの組み立てへの移行というより、むしろまったく別の平面への移行が見られるだろう。位置決定そのものが宇宙的なものに変化しているからだ。脱領土化したリトルネッロは、分子化し、宇宙の力と合流する。

同様な事態が、人間の音楽にも見出されよう。ドゥルーズとガタリは、音楽に古典主義、ロマン主義、近代という三つの時代を、そこに時間序列的な進化を見ないという条件で大まかに区分し、その順で音楽はおもに、カオスの力、大地の力、宇宙の力を捉えようとしてきたという。リトルネッロは、脱領土化していき、質料が十分に脱領土化したときに、はじめて分子状の様相を呈し、宇宙的としかいいようのない諸力を浮上させるというのだ。

重要なのは、その過程で音楽が、さまざまな生成を経由することだ。動物への生成、子供への生成、女への生成などである。たとえば、鳥の声は、かなり昔から音楽に取り込まれてきた。ジャヌカンから、モーツァルト、今世紀のメシアンにいたるまで。だからといって、そこに、模倣を見るべきではあるまい。音楽が鳥へと生成すると同時に、鳥もまた音楽へと生成するのである。

またたとえば、バロック時代に起こった男声の女声への生成。ある場合には、カストラート（去勢歌手）により、またある場合には、カウンター・テナー（簡単にいえば裏声）により、行なわれたそのような生成は、女への生成を音楽に出現させ、男と女のモル的な区別を細分していくだろう。

ドビュッシー『夜想曲』の「シレーヌ」の楽章で、声はさらに分子状に生成し、オーケストラの音と識別不能なものとなっていく。知覚しえぬものへの生成に、ドゥルーズとガタリは、宇宙的なものへの生成を感取しているようにも思われる。シューマンのイ短調の『チェロ協奏曲』で、あたかもチェロの音を消え入るようにさまよわせるために、オーケストラの組み立てが動員されるように思われるときが、まさしくそうだ。

リトルネッロが脱領土化していき、知覚しえぬものへの生成、宇宙的なものへの生成に到達するとき、機械状の組み立てから、ついに抽象機械に到達するかのようである。

第五章

ノマドロジー

Deleuze

1 世界史の試み

社会機械と歴史

欲望する生産と社会的生産との間には、すでに述べたとおり、本性の差異はなく、体制の差異しかない。すなわち、分子的なものとモル的なものとの違いである。では、もっと踏み込んで、社会とは、何によって定義されるのだろうか。

ドゥルーズとガタリは、社会は交換によってではなく、登録によって定義されるという。すなわち、社会の本質的役割とは、欲望の流れを登録することで、その流れを野放しにしないことなのだ。その意味で、社会とは抑制と不可分だといってよい。

問題は、登録されるべき表面として、何が選ばれるかだろう。器官なき身体が、そのような役割を果たすことを、すでにぼくたちは知っている。たしかに、自然人としては、器官なき身体は、欲望する機械の生産が配分、登録されるべき全体として前提されはするだろう。しかし、器官なき身体がしかるべく見出されるのは、歴史的な過程をたどった末のことでしかない。

欲望する生産が登録されるべき身体は、『アンチ・オイディプス』では、充実身体（corps plein）と呼ばれている。そして、どのような充実身体が選ばれるかにより、社会体も特徴づけられるはずだ。

野生の未開社会は、大地が充実身体として選ばれる未開領土機械、野蛮な社会、すなわち帝国社会とは、専制君主が充実身体として選ばれる専制君主機械、文明社会とは、資本が充実身体として選ばれる資本主義機械であるという具合に。

これら三つの社会体は、おおむね、その順で、世界の歴史に登場してきたと見なされる。欲望する生産と社会体との関係に着目する立場からのアプローチは、こうして、世界史の壮大な試みともなるだろう。

ただ、あらかじめ注意しておくなら、歴史が必然的法則によって展開すると考えるわけでもなければ、歴史的展開のその後の社会を予言的に特定しようとするわけでもない。ドゥルーズとガタリが明言するとおり、「世界史は偶然の歴史としてしか存在しない」のだ。そこに、たとえばマルクス主義との大きな違いがある。『アンチ・オイディプス』が、マルクスに接近するように見えるとしても、あくまで、欲望する生産に関する独自の理論的立場から、マルクスの思想を咀嚼《そしゃく》したうえでのことなのだ。

未開領土機械

欲望の流れを野放しにしないためには、まず、その流れをコード化しなければならなかった。コード化されないものは抑圧される。抑圧されるのは、欲望する生産であって、オイディプス的表象なのではない。欲望のコード化されない流れが、社会的な生産および再生産に無秩序をもたらすものとして、抑圧されるのだ。

未開社会においてコード化は、領土の記号を身体に刻印することとして行なわれる。こうして、身体と諸機械とは、領土機械の部品とされるだろう。それが未開社会で起こったことだ。そこでは、身体諸器官でさえも、私的所有物ではない。

前章で見たとおり、登録の生産は、離接的綜合というあり方をする。そこに登録されるのは記号であるが、記号の連鎖は、離脱可能な部品、いわば煉瓦《れんが》のようなものからなっていると、ドゥルーズとガタリは言う。登録の生産における記号連鎖は、離脱という切断様式と組み合わさっているわけだ。これに対して、生産の生産、すなわち接続的綜合は、欲望の流れと、その切断からなるが、ここで切断は、採取というあり方をする。たとえば、ミルクの流れを切断する口は、それを採取する器官にほかならないという具合にだ。

土地の記号を身体にしるしづけるということは、採取という切断を、離脱という切断に対応させるというかたちでなされねばならない。そのようなことが、大地という充実身体の上で行なわれる。こうして社会は、地縁集団として組織されるわけだ。

専制君主機械

帝国もしくは国家の創設者としての専制君主は、脱領土化した流れの組織者として現われる。大地ではなく、今度は、専制君主自らが、社会体の充実身体となるだろう。この段階では、単なるコード化ではなく、超コード化（surcodage）が行なわれる。それこそが、帝国もしくは国家の本質的な作業なのだ。

野生の領土機械のコードは破壊され、記号連鎖の離脱した煉瓦は、超越的なシニフィアンとして組み直される。この超越的なシニフィアンの役割を果たすものこそ、専制君主にほかならない。専制君主は、至高のシニフィアンとして、未開の領土機械の数々を統一し、そこでの生産を自らに収斂《しゅうれん》させるのだ。

資本主義機械

資本主義が成立するのは、流れの脱コード化が全面的なものとなり、脱領土化した流れと連接することによってである。主要な二要素を挙げるなら、脱領土化した労働者と脱コード化した貨幣とが遭遇する必要があったのだ。それらを含め、脱コード化し、脱領土化した流れのすべてを連接せしめるのは、資本である。資本が、この段階で、充実身体となり、脱コード化した流れを登記すべき表面を提供するはずだ。

社会の本質的な役割が登録にあるとしても、それぞれの社会機械で、大きく関与する綜合、生産のありようは異なってくる。ドゥルーズとガタリは次のように言う。

大はばに単純化するなら、野生の領土機械は、生産の接続から出発し、野蛮な専制君主機械は、卓越した統一体による登記の離接を根拠として確立されたのだということができる。ところが、文明機械である資本主義機械は、なによりも連接の上に確立されるのだ。(『アンチ・オイディプス』邦訳、二七〇―二七一頁)

資本主義は、脱コード化したさまざまな流れを生じさせるからといって、それらを野放しにするわけではなく、今度は、公理系(axiomatique)によって、それらを資本という充実身体の上に拘束しておこうとする。公理系というのは、コードと違って、質的な性質とは関係のない抽象量にかかわる。このことは、一般的等価物としての通貨を見れば、わかるとおりだ。ここで刻印されるのは、あなたという人物というよりは、抽象量としての、あなたの資本もしくは労働力なのである。

資本主義においては、このように公理系が介入するため、分裂症におけるように、脱社会化した器官なき身体の上を、さまざまな流れが自由にいきかうという状態が実現されるわけではない。その意味で、分裂症が、あらゆる社会の絶対的境界だとすれば、資本主義は、相対的境界だといえるだろう。いいかえるなら、分裂症は、資本主義の外的境界であり続けるのであって、資本主義は、この境界を追い払うことでしか存続しえない。ところが資本主義は、内的境界をかかえ込んでおり、その境界を押しやり拡大することで、存続するというあり方をする。

しかしながら、公理系による流れの調整は、脱コード化したはずの流れを再領土化せずにはいない。すなわち、手を切ったはずの帝国もしくは専制君主シニフィアンを、流れの調整役として復活させるのである。公理系は、その内在性のうちに、超越的な原国家を再生産するのだといってもよい。

要するに、一方には、再領土化された原国家が、他方には、鎖を解かれた流れがある。資本主義機械における公理系のあり方とは、このようなものだろう。問題は、この原国家の扱いだろう。資本主義のただ中で、再領土化されたかたちで存続するということは、国家というあり方の根深さを示していると思われる。ひょっとして、それは、歴史的に領土機械の後で現われたと言い切れないほどの根深さではないのか。このような疑問に答えるには、『千のプラトー』を待たねばならないだろう。

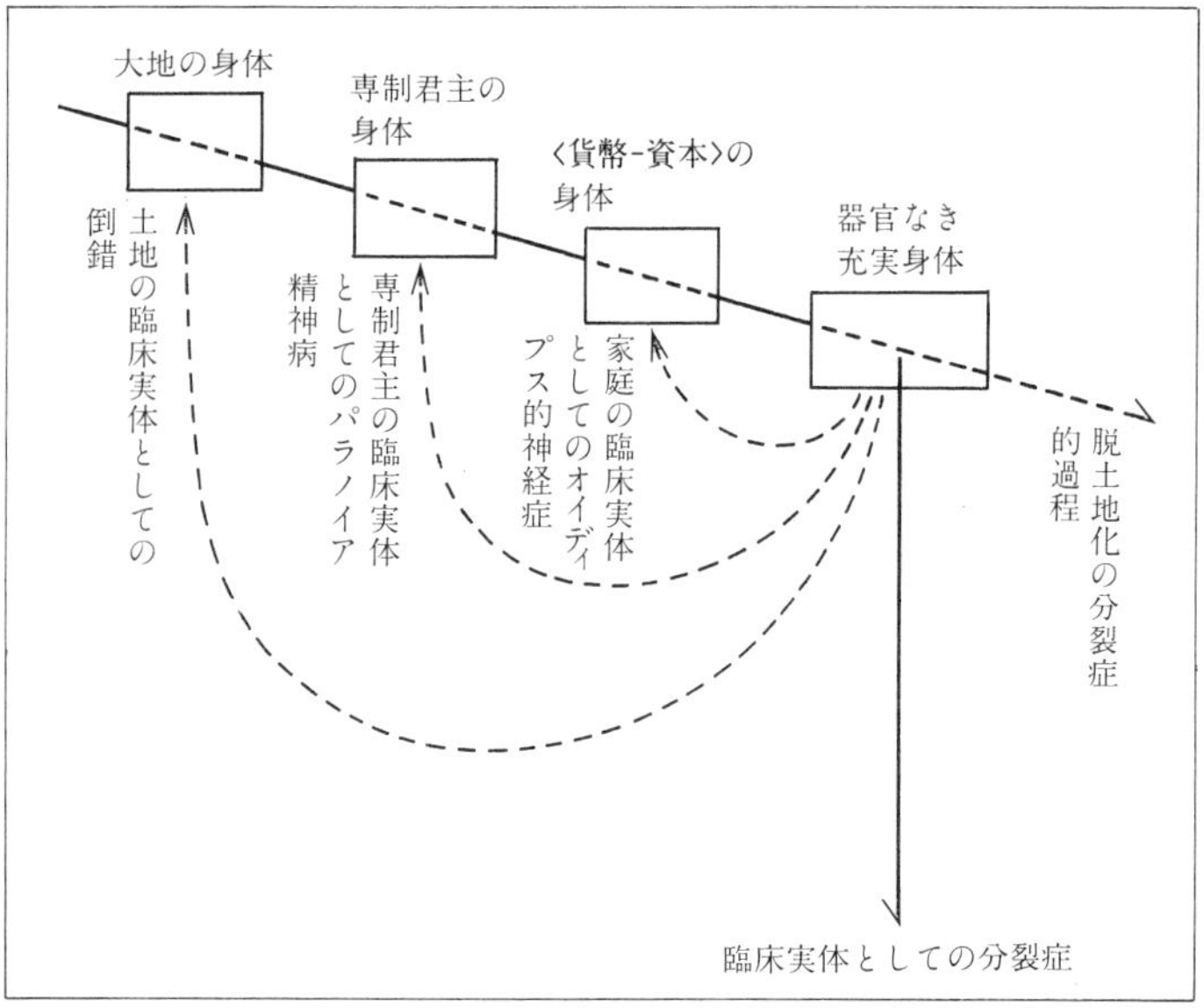

社会体と分裂症的過程（『アンチ・オイディプス』より）

分裂症的過程

器官なき身体は、資本主義機械の後で、社会体の外的境界として、脱領土化した社会体の最後の残滓《ざんし》として、姿を現わす。問題は、器官なき身体に到達したとすれば、どうなるかだろう。答えは、壁を突破できるかどうかにかかってくる。

もし壁を通り抜けられるとすれば、分子的諸要素に行きつき、脱領土化の分裂症的過程を実現できるだろう。すなわち、逃走線を作り出すことができるはずだ。これに対して、壁に突き当たり、はね返されるなら、どうなるだろうか。倒錯者の人工的な大地にはね返るか、パラノイアや分裂症の患者となるか、オイディプス的神経症患者として家庭にとらわれるかの、いずれかの運命が待つばかりだ。このようなきわどいあり方を、ドゥルーズとガタリは図で示しているので、それを掲げておこう。

2 国家装置と戦争機械

世界史を動かすもの

『アンチ・オイディプス』の段階では、あたかも、領土機械、専制君主機械、資本主義機械の順で、社会機械が進展するかのように語られていた。もちろん単純化しての話だとしても、そのような印象はぬぐえない。ところが、『千のプラトー』になると、ずいぶん印象が違ってくる。『アンチ・オイディプス』が直線的図式に傾いていたとすれば、『千のプラトー』は、分化的図式を提示するように思われるのだ。

たとえば国家は、『アンチ・オイディプス』では、あたかも領土機械の後で登場する社会機械であるかのように提示されていたが、『千のプラトー』では、国家装置（appareil d'État）として、当初から存在するかのように語られる。未開社会は、たしかに国家装置を払いのけようとするだろう。しかし、国家装置がすでに先取りされてあるからこそ、払いのけようとすることもできるのだ。そのような意味も含めて、国家装置は、いつでも社会をとりこにしかねない捕獲装置として、当初から存在すると見なされる。

それと正反対の動きとして、今度は、戦争機械（machine de guerre）というあり方が、積極的に打ち出されていく。戦争機械は、ノマド（遊牧民）の作り出したものとして、砂漠、ステップ、さらには海といったタイプの平滑空間を舞台とするものと見なされる。ドゥルーズ自身によって、それまでもたびたび語られてきたノマドというあり方が、『千のプラトー』ではじめて、しかるべき地理的環境を与えられたかのようなのだ。ともあれ、こうして、国家装置と戦争機械という二つの組み立てが、世界史を動かす基本的なあり方と見なされることとなるだろう。

もっとも、『アンチ・オイディプス』では、主眼のひとつがオイディプス化の過程を突きとめつつ、欲望を家族的表象のうちに閉塞させるあり方を批判するところにあったと見れば、両著の食い違いは、それほどのものと映らないかもしれない。『千のプラトー』は、その対象を大幅に拡張した、壮大な規模を包括しようとする著作、きわめて野心的な著作である。そのような構想のもとで、国家装置と戦争機械という世界史的な組み立てが剔抉《てっけつ》されたと見ればよいのだろう。

ベルクソンとの比較

ドゥルーズ哲学の歩みの中で、これら両著、あるいはそれらを一部、二部とする『資本主義と分裂症』を位置づけようとするならば、ベルクソンと比較して見るのがよさそうだ。それは二つの理由による。

ひとつは、『差異と反復』までと、『資本主義と分裂症』との関係にかかわる理由だ。その関係は、ベルクソンでいえば、『物質と記憶』もしくは論文「形而上学入門」までと、『創造的進化』以後との関係に相当するように思われてならない。「形而上学入門」までには、すでに持続の存在論は確立されていた。ただ、それが生命の世界で、さらには、生命の一部としての人間の世界で、どのようなものとなるのかが、十分に示されていなかったように思われるのだ。

ドゥルーズの場合も、『差異と反復』に収斂する著作群で、その哲学の基本的立場と存在論は、たしかに確立されたかもしれない。しかし、生命と人間世界で、それがどのようなかたちをとるのかについて、いまだ十分に検討されていたようには思えないのだ。

いま一つの理由は、人間世界が展開されるにあたっての二分法的な過程にかかわる。ベルクソンは、晩年の著『道徳と宗教の二源泉』において、二つの二分法を示してみせた。ひとつは、人間社会が、閉じた社会と開いた社会に分化するというものであり、いまひとつは、人間の歴史が、機械的傾向と神秘的傾向との分化の中で進行するというものだ。

多様体の分化というアイディア自体を、ドゥルーズは、ベルクソンから得ているように思えるだけに、このことは重要である。まして、ベルクソンが家族と国家とを、閉じた社会の側におき、開いた社会をまるで異質な側に置くだけに、これは目につきやすい照合点だろう。ただ、ベルクソンが、閉じた社会と開いた社会の背後に、閉じた宗教と開いた宗教の力を見るのに対して、ドゥルーズにとって、国家装置と戦争機械は、抽象機械に対する二とおりの組み立てというにすぎない。

これら二つの理由は、どちらの存在論にとっても、分化が基本的な過程であることを考えれば、ひとつに収斂する。おまけに、どちらの立場にとっても、生命のあり方こそ、存在論の根本テーマであると思われるだけに、なおのこと。

相互生成をとおした横断的交通

『アンチ・オイディプス』では、強度的な胚種の流れもしくは流体が語られていた。こういった強度的な流れが器官なき身体とともに、強度の多様体を作りなすものと想定されていたはずだ。それこそ、生命の根本的なありようにほかならない。社会的制度化は、そういった生命の強度的=内包的なありようが外延化され、広がりをもつことでしか、達成されえない。たとえば出自の系列が縁組みによって広がりをもつといったことが、すでにそうなのだ。『アンチ・オイディプス』は、そこに、未開民族における近親相姦の禁制に関する深い理由を見ていた。だからといって、この禁制に、オイディプス的なところを嗅《か》ぎまわる必要はないのである。

『差異と反復』では、強度としての差異は延長の中で繰り広げられることで取り消されざるをえないこと、しかしその一方で、当の強度的差異そのものは巻き込まれたまま存在し続けることが、語られていた。生命の基本的な流れとは、その巻き込まれたまま存在し続けるもののことだろう。『千のプラトー』が、リゾーム的な進化論、分子状の進化論（ジャック・モノーの言葉）、内進化（involution）を考慮した進化論を語るときにも、そのことは念頭に置かれていたはずだ。そのような進化論は、樹木状のモデルでは分断されているはずの種と種との間に、相互の生成をとおした横断的交通が成立するのを見逃さない。この点でドゥルーズとガタリお気に入りの例は、雀蜂と蘭だろう。彼らは何度も、その例に触れている。『千のプラトー』（邦訳、二二頁）から引いておこう。

蘭は雀蜂のイマージュやコピーを形作ることによって、自己を脱領土化する。けれども雀蜂は、このイマージュの上に自己を再領土化する。とはいえ雀蜂は、それ自身、蘭の生殖機構の一部となっているのだから、自己を脱領土化してもいるのだ。しかしまた雀蜂は、花粉を運ぶことによって、蘭を再領土化する。雀蜂と蘭は、異質であるかぎりにおいて、リゾームをなしているのである。そこには、蘭の雀蜂への生成、雀蜂の蘭への生成がある。

これらの生成のおのおのが、二項のうちの一方の脱領土化と、もう一方の再領土化を保証し、二つの生成は、諸強度の循環にしたがって連鎖をなし、かつ交代で働き、この循環が、脱領土化をつねによりいっそう推し進めるのだ。

分子状の進化論は、機械と生命とを区別しない。リゾーム圏は機械圏でもある。だからこそ、ドゥルーズにとって、生の哲学は、機械圏の哲学ともなるわけだ。

内部性と外部性

では、国家装置と戦争機械との二分法は、どうだろうか。なによりも、「戦争」という語が気にかかるはずだ。ベルクソンなら、戦争は、閉じた社会の側に置くだろう。どんな社会体であれ、閉じた社会が存続するかぎり、戦争はなくならないのだ。この問題は、トインビーの大著『歴史の研究』に受け継がれるだろう。冒頭部から、ベルクソンへの深い傾倒を感じさせるこの書物もまた、なぜ、この世から戦争がなくならないのかという問いを本質的に含んでいる。ベルクソンにせよ、トインビーにせよ、戦争と国家とは、同じ側に置かれるように思われるのだ。

　これに対して、ドゥルーズとガタリにとって、国家装置と戦争機械とは、まるで異なる組み立てと見なされる。しかし、そのようなとまどいも、いわゆる戦争とは、戦争機械が国家装置に組み込まれたときにとる姿だと知れば、多少は解消されるに違いあるまい。

　まず単純化すれば、国家装置は内部性によって、戦争機械は外部性によって、規定することができるだろう。国家という主権は、自らが内部化しうるものに対してしか君臨することができない。この内部性は、自己同一的なものとして再生産され、つねに公的な認知を求めるので、それと認めることができるものだ。これに対して、戦争機械は、外部的であらざるをえないがゆえに、多形的で拡散したかたちでしか現われることができない。それは変身することでしか、存在しえないのだ。公的な認知どころか、それは秘密を求める。

　国家装置の内部性は、専制君主と立法者という両極によって確保される。この両極は対立しつつ補完しあうことで、主権の及ぶ範囲をおおうのだ。この両極について、ドゥルーズとガタリは、「国家装置をひとつの地層とする二重分節」だともいう。ジョルジュ・デュメジルがインド・ヨーロッパ神話を分析して引き出した言い方を借りるなら、「王‐魔術師」と「司祭‐法学者」という二つの頭だ。デュメジルによると、政治的主権もしくは支配権は、この二つの頭をもつものとして語られているという。神話の神の名でいえば、ヴァルーナとミトラだ。

同じデュメジルの神話分析によると、戦争が国家装置の内部に取り込まれていないことに、ドゥルーズとガタリは注目している。戦争の神インドラは、ヴァルーナとミトラに還元されることもなければ、第三の神を形成するわけでもない。インドラは、王‐魔術師としてのヴァルーナによる絆を解き、司祭‐法学者としてのミトラによる契約を破る。それは変幻自在の多様体のようなものなのだ。

戦争機械が外部性によって規定されるとき、それは、単に国家装置の外部にあるということではない。国家装置は内部性の形式そのものであるのに対して、戦争機械は外部性の形式そのものとして考えねばならないのだ。この外部性が内部化されることは、もちろんありうる。軍事制度とは、この内部化された戦争機械にほかならない。しかし、だからこそ、軍事制度は、国家にとって危険なものであり続けるのだ。

思考の形式

内部性と外部性とは、思考の形式でもある。たとえば、真理の帝国や、精神の共和国を語るとき、ぼくたちの思考は、すでに内部性の形式としての国家装置に服していると見なされるのだ。この場合の思考のあり方は、次のようになるだろう。

「普遍的方法」の指揮下で、〈存在〉と〈主体〉という二重の観点から、条理化された心的空間に、あらゆる種類の実在と真理とが位置づけられるのである。（『千のプラトー』邦訳、四三五頁）

これに対して、外部形式としての思考、すなわちノマド的思考とは、外部のさまざまな力と格闘する思考だ。内部形式としての思考が、主体–全体性–条理空間の側にあるとすれば、外部形式としての思考は、部族–環境–平滑空間の側にある。部族というのは、ここで要請されるのが普遍的思考主体ではなく、特異な種族だからであり、環境というのは、思考が展開される地平なき平滑空間としての環境のことだ。この思考については、たとえば次のように言われている。

思考を主体に帰属させる思考ではなく、出来事すなわち此性（heccéité）としての思考であり、本質を規定する定理的思考ではなく、問題提起的な思考であり、自分を大臣と思い込む代わりに、民衆に呼びかける思考である。（同前、四三四頁）

こういった思考の形式の区別は、王道科学もしくは帝国的科学と、ノマド的科学もしくはマイナー科学の区別と、重なり合うだろう。科学にも、国家装置と戦争機械があるのである。ノマド的科学の特徴は、ミシェル・セールがデモクリトスやルクレティウスの原子物理学、アルキメデスの幾何学のうちに見出したものと符合するはずだ。それを、王道科学と対比しつつ、まとめて見るなら、次のようになるだろう。

① 固体理論ではなく、流体理論をモデルとする。
② 安定、永遠、自己同一、一定不変ではなく、生成と異質性をモデルとする。
③ 条理空間での配分ではなく、平滑空間での配分。
④ 定理的モデルではなく、問題的モデル。

③に関して、条理空間では、「空間を占めるために数える」ことが問題なのに対して、平滑空間では、「数えることなく空間を占める」ことが問題であるという違いを、指摘しておこう。

どんな技術的要素も、社会機械に、いいかえるなら機械状の組み立てに左右される。道具を規定するのは、労働機械という組み立てであり、武器を規定するのは、戦争機械という組み立てなのだ。労働機械は、ここでは国家装置の側にあるものとされている。それぞれの組み立てに服するかぎりでの道具と武器を、ドゥルーズとガタリは、五つの観点から区別するだろう。方向、ベクトル、モデル、表現、情念ないし欲望の調子の五つである。

まず、方向の観点から、武器は投射によって、道具は内向によって、特徴づけられるだろう。次に、ベクトルの観点というのは、武器は速度によって、道具は重力によって、特徴づけられるからだ。第三のモデルの観点からは、武器は自由活動をモデルとし、道具は労働をモデルとするものと見なされる。第四の表現の観点からは、道具は記号と関係づけられ、武器は宝飾品と関係づけられるだろう。道具と記号との親和性については、次のように言われている。

技術的要素は、領土から抽出されて大地を対象とするとき、道具になる。しかし、それと同時に、記号は身体に記入されることをやめ、動かない客体的な物質の上に書かれることになる。労働が存在しうるためには、国家装置による行動の捕獲と、文字言語による行動の記号化が必要なのだ。記号と道具、文字記号と労働組織が、組み立てとして親和性をもっているのは、このためだ。(『千のプラトー』邦訳、四五六－四五七頁)

宝飾品が、すぐれてノマドの芸術であったことは、いまや忘れ去られがちではあるが、それが動きの中で見られてこそ意味をもつものだったことを思い起こさねばなるまい。それは、まさしく武器と親和性をもつものだったのだ。

装飾をほどこした服の留め金、金銀の小板、数々の宝飾品、それらはすべて、小さな動かしうる物体であるが、単に運搬しやすいだけでなく、何か動くものに所属してはじめて意味をもつようなものである。あの数々の小板は、それ自体、動きうるものであり、動いているものの上で、純粋な速度の表現特性を構成し、〈形相－質料〉の関係ではなく、〈模様－支持体〉の関係で把握されるべきものである。もはや大地は地表にすぎない。いや地表すらも存在しない。支持体は、模様と同じほど動的なのだから。(同前、四五七頁)

第五の情念ないし欲望の調子については、あらゆる組み立てが欲望の組み立てであり、情念とは欲望の実現したものである以上、この観点に触れないわけにはいかない。この観点から、道具は感情

(sentiment) の体制に、武器は情動 (affect) の体制に、それぞれあるものとして特徴づけられる。

感情は、「物質とその抵抗の評価、形式とその発展の感覚、そして力とその移動の経済を含み、いわば重々しさを伴なっている」。これに対して情動は、「動体そのものにのみ、さまざまな速度と、諸要素間の速度の合成にのみ、かかわる」だろう。情動は、感動のすばやい放出であり、武器と同様に投射されるものであるのに対して、感情は、遅延し、道具のように内向的である。情動が、自己の解体、主体の解体に通じていることも、見逃してはなるまい。

人間組織の類型

ドゥルーズとガタリは、国家装置と戦争機械の違いを、めまぐるしいほどさまざまな観点から特徴づけようとする。ポリス対ノモス、将棋と碁の区別まで、動員されるのだ。しかしここでは、もうひとつの点だけにとどめておこう。人間組織の類型という観点である。

集団のあり方は、国家装置においては樹木状モデルに従い、中心に向けて位階化されているのに対し、戦争機械においてはリゾーム的モデルに従う。その点も念頭に置くとして、人間組織の類型は、三つ提示されている。すなわち、血統的組織と、領土的組織と、数的組織だ。

血統的組織は、未開社会を定義する。大地も大きな役割を果たすが、それはあくまで、さまざまな血統の力動的なあり方が刻印される素材でしかなく、数は刻印の手段でしかない。これに対して、国家装置では、領土が前面に出てくるだろう。領土といっても、人間と大地の脱領土化した関係が問題となるのであって、それとともに、大地の超コード化が支配的となるのである。

『アンチ・オイディプス』で、未開社会が領土機械、帝国社会が専制君主機械とされたのと、多少言い回しが異なるが、基本的な点は変わらない。領土が前面に出てくるといっても、血統や数や大地のすべての切片が、それらを超コード化する天文学的空間もしくは幾何学的延長の内部に取り込まれるという意味においてなのだ。

数的組織は、ノマド社会と戦争機械を定義する。ここで数的組織とは、自律的な算術組織をさす。すなわち、数が主体となり、数が空間に対して独立するあり方をさすのである。このようなあり方は、数えられることなく占められるという平滑空間の性質に由来するのであって、数は、数えたり計測したりする手段ではなく、移動するための手段となるのだ。したがって、国家の軍隊におけるような大きな数は問題とならず、むしろ小さな数による処理が問題となる。

戦争機械の両極性

国家装置に二つの極があったのと、少し意味合いは違うにせよ、やはり同様に、戦争機械にも二つの極がある。そのひとつの極では、戦争機械は戦争を目標とし、どこまでも拡張しうる破壊線を形づくろうとするだろう。この極が、国家装置に組み込まれるかぎりでの戦争機械のあり方を示すのに対して、もうひとつの極にこそ、戦争機械の本質的なあり方は示されている。もうひとつの極は、「創造的な逃走線を引くことと、平滑空間とその中における人間の運動の編成」をめざす。この第二の極が戦争にかかわるとしても、あくまで代補的なものとしてでしかないのだ。

今日では、国家が作り出すものであるにせよ、国家もその一部でしかないような世界秩序が支配している。戦争機械も、そのような世界秩序の地平でしかなくなっていると映るかもしれない。ポール・ヴィリリオが指摘したとおり、今日の速度体制では、核兵器による瞬時の世界破壊が可能となっているからだ。

国家を超える企業のあり方も、顕著になりつつある。資本主義の世界的公理系だ。キリスト教に代表される世界宗教も、ある意味で、依然として国家の外部を指し示す。その一方で、国家権力に対して抵抗し続ける、徒党集団、周辺的集団、少数派集団も、健在である。そんななかで、たとえ量的には小さくとも、創造的な逃走線を引き続けることは、いつでも可能なのだと、ドゥルーズとガタリは説き続けるはずだ。

ノマドロジーとは、ノマド的なあり方の理論としてある。また、ノマドロジー（nomadologie）が、ライプニッツの説くモナドロジー（monadologie）のmとnとを入れ替えたものであるのを見てもわかるとおり、窓のないモナドという実体のあり方を、ノマド的平滑空間の中に投げ入れたというおもむきをもつ。それは、戦争機械の理論でありながら、広大な射程をもつだろう。ドゥルーズとガタリがガブリエル・タルドのうちにその先駆を見たミクロ政治学とかかわる一方で、哲学的な思考のあり方とも、抜きさしならぬ関係を結ぶのである。

フーコーとの疎隔

一九七〇年代から八〇年にかけては、ガタリとの協力が『資本主義と分裂症』二部作に結実する、実り豊かな時代だった。しかしこの時期は、フーコーとの仲が疎遠になる時期でもあった。

七〇年代初頭には、たしかに、すでに一部触れたとおり、理論的にも、政治的にも、ほとんど熱い共闘関係にあったといってよい。フーコー自身、『アンチ・オイディプス』の英訳版（一九七七年）に序文を寄せるなど、このガタリとの共著に対しても称賛を惜しまなかった。またドゥルーズはドゥルーズで、一九七五年にはフーコーの『監獄の誕生』に対して共感に満ちた書評を寄せもするだろう。しかし、どうやら、政治的な理由から、ドゥルーズとフーコーとの間に立場の微妙な違いが表面化していき、ドゥルーズからというよりは、フーコーのほうから接触を避け出したようなのだ。

ディディエ・エリボンの『ミシェル・フーコー伝』によると、一九七七年から、おもに二つの点で、二人の立場の違いは表面化してきたという。ひとつは、アンドレ・グリュックスマンとその一派、当時「新しい哲学者たち」と呼ばれた連中に対する評価に関して、いまひとつは、当時の西ドイツの過激派「バーダー一味」の弁護士送還問題に関してである。

もと過激な毛沢東派だったグリュックスマンが、立場をころりと変えてものした書『思想の首領たち』は、当時たいへんな評判を呼んだし、フーコー自身も、その書に称賛の記事を書いていた。これに対してドゥルーズは、グリュックスマン一派をこき下ろす文章を書いたのである。ドゥルーズにしてみれば、彼らの変節ぶりと、内容空疎な概念の使い方とが、我慢ならなかったようなのだ。

同じ年にあたる一九七七年、フランスに亡命を求めていた「バーダー一味」の弁護士を、フランス政府は西ドイツに送還するという挙に出た。これに対して、フーコーもドゥルーズも、反対の署名を行なったが、二人は異なる筋の声明文に署名したのである。フーコーの署名した文章は、弁護士の弁護権および送還の拒否に限られたものだったのに対して、ドゥルーズがガタリとともに署名した文章は、西ドイツを警察独裁へと逸脱しつつある国として指弾するものだったのだ。

これら二点に関する食い違いは、フーコーがかつて滞在したポーランドで共産主義の現実を見せつけられるなどして、共産主義的なあり方に早くから距離をとっていたことに、根をもっていると思われるが、やはり根本的な違いは、思想のうちに求められるだろう。

ドゥルーズはのちに、フーコーの死後、深い友愛を込めて『フーコー』(一九八六年)という一書を上梓するだろうが、だからといって、二人の立場の違いが消えるわけではない。ドゥルーズなら言うだろう、フーコーと違って、自分にとって権力とは、いたるところで水漏れを起こしているのだと。すなわち、ドゥルーズにとっては、逃走線をいたるところに引ける可能性こそが問題だったのである。

第六章

イマージュ論

Deleuze

1　絵画のイマージュ

イマージュ論の系譜

今世紀のフランス思想の特筆すべき流れのひとつに、イマージュ論がある。その皮切りとなるのが、前世紀末のベルクソンのイマージュ論だ。『物質と記憶』で示された、物質をイマージュと等置する考え方は、今世紀の思想界に、さまざまな波紋を呼ぶことになるだろう。とりわけ、サルトルとバシュラールのイマージュ論は、それぞれの時間論と不可分なかたちで、ベルクソンに対抗しつつ形成されたといういきさつをもつ。ベルクソンの時間の哲学を超えようとする試みは、それぞれに独自のイマージュ論を伴なったのである。

『物質と記憶』のイマージュ論が、身体論を含むものだったことを考慮すると、ここでメルロ=ポンティも一枚かんでくるだろう。現象学的身体論により一時代を画したこの哲学者は、サルトルの『想像力』の書評の中で、基本的にはサルトルに賛意を表しつつも、サルトルのベルクソン批判に対しては留保を示し、むしろベルクソンのイマージュ論の広い射程を擁護する姿勢さえ示したのである。いずれにせよ、メルロ=ポンティが、その身体論を深化させる過程で、絵画的イマージュ論に、一石を投じていったことは、銘記すべきだろう。

一九八〇年代のドゥルーズに目を移すなら、ガタリとの共同著作スタイルを中断したことは別として、イマージュ論の仕事が、やはり目につく。絵画論の書『フランシス・ベーコン、感覚の論理』（一九八一年）、二巻からなる映画論『シネマ』（第一巻『シネマ 1——運動イマージュ』が一九八三年、第二巻『シネマ 2——時間イマージュ』が一九八五年）と、いわばたて続けに刊行されるからだ。

これらのイマージュ論を、広義の芸術論と見ることは、もちろんできる。それにしても、なぜ絵画であり、なぜ映画なのか。それについて、いろんな見方ができるだろうが、ここでは次の二点を、とりあえずの仮説として立てておきたい。

イマージュと機械

まず第一点として、それまでのドゥルーズは、イマージュの世界の諸相を、十分に考察してこなかったように思われる。次に第二点として、機械との関係で、イマージュを考察する必要を感じたように思われるのだ。

第一の点については、ドゥルーズが抽象画をひとつのモデルとしていたことが、少々からんでいる可能性がある。芸術だけでなく、思考そのもののモデルとしていたことは、たとえば『差異と反復』

の次のくだりが、端的に示しているとおりだ。

思考に関する理論は、いわば絵画であって、この理論は、自らを表象=再現前化から抽象芸術へ移行させるような転回を必要としているのである。それこそ、イマージュなき思考に関する理論の対象なのである。（邦訳、四一〇－四一一頁）

たしかに抽象画は、二十世紀芸術の代表的なあり方を示すものだが、かといって、それ以外の絵画が、古典的な具象画のやり方に甘んじていたわけではない。メルロ=ポンティが、あんなに熱を込めて語ったセザンヌひとりを挙げるだけでも、そのことはわかるはずだ。伝統的な具象画か、抽象絵画か、というのでは、絵画における豊かなイマージュのあり方を捉えることはできまい。なんらかの理論的対応が要請されるゆえんだ。

第二点も、重要である。十九世紀なかばに登場した写真、十九世紀末近くに登場した映画は、機械装置抜きでは考えられないイマージュのあり方を誕生させた。これは、ドゥルーズの機械状論にとって、無視できない問題のはずだ。いやすでに、『差異と反復』は、写真抜きでは考えられない操作について、語っていた。

たとえば、哲学史は、絵画におけるコラージュに似た役割を演じるべきだと語ったうえで、「口髭《くちひげ》をはやしたモナ・リザと同じ意味で、哲学的に髭をはやしたヘーゲル、哲学的に髭をそったマルクスを想像してみよう」と言っていたではないか。口髭をはやしたモナ・リザとは、マルセル・デュシャンがモナ・リザの写真複製に行なった、いたずらがきのことだ。また、アンディ・ウォーホルによるシルク・スクリーンの連作を例に挙げて、次のように語っていた。

　コピーを、コピーのコピーなどなどを、コピーが転倒しシミュラークルへと生成する極限的な点にまで推し進めることができた、絵画におけるポップ・アートの手口。（同前、四三五頁）

このシルク・スクリーンも、写真抜きでは考えられない手法であるのは、いうまでもない。映画についても、後で見るとおり、ドゥルーズは、映画という特殊な撮影・映写装置を待ってはじめて誕生しえたということを強調する。いずれにせよ、この第二点に関しても、なんらかの理論的対応を行なう必要を感じたのではないかと思われるのだ。

写真と絵画

フランシス・ベーコン、同姓同名の哲学者の子孫にあたるというこの画家は、写真をもとにした、いくつかの作品でも知られている。特に、ベラスケスの『法王イノケンティウス十世の肖像』の写真図版から、それとは似ても似つかぬ画像を作り上げた作品は、よく知られているはずだ。ぜんそくもちで同性愛者という点では、プルーストを思わせ、アルコール中毒という点では、フィッツジェラルドを思わせるこの人物は、それだけでも、ドゥルーズの興味を引きそうだが、その点は措《お》くとしよう。問題は、写真との関係である。画家が描く前のキャンヴァスは、たしかに真っ白かもしれない。しかし、それは真っ白であって、実は真っ白ではないのだ。というのも、そこには紋切り型《クリシェ》のイマージュがあふれているからである。

現代人にとって、この紋切り型を代表するのは写真だろう。現代人は写真のイマージュによって包囲されてしまっているからだ。現代の画家は、絵を書き始める前から、すでに具象性の環境にひたっているのである。したがって、具象性といったん手を切り、イマージュを再創造しようとする画家は、まず、そういった紋切り型を払いのけることから始めねばならない。そのための手だて、それは、偶然に任せて自由に手の跡を残すことだ。

ベーコンは、なるほど、肖像画を描くのに、よく写真を用いるかもしれない。しかしそれは、すでに現代人が、いやおうもなく写真に取り巻かれているという状況を確認しているだけのことだ。いや写真だけではない。新聞やテレビなどによっても包囲されており、それらによる紋切り型もあふれかえっている。

ドゥルーズは具象性を、図解性と物語性からなるものとみているが、写真がこの図解性という面を代表するとすれば、新聞は物語性を代表するといえるかもしれない。したがって、具象性を断ち切ろうとすれば、画家は物語性の紋切り型をも、払いのけねばならないだろう。もちろん多くの場合、写真は、物語性にまつわる紋切り型を伴なってはいるのだが。

図解性は、類似性といいかえてもよい。もしほんとうに、画家が真っ白なキャンヴァスを前にして、何もないところにゼロから描き始めることができるとしたら、画家は、外在するモデルに忠実なコピーを再現すればよいことになるだろう。この場合、類似性は、あらかじめあるものとして前提されている。これに対して、真っ白と見えるキャンヴァスには、紋切り型が満ちあふれていて、まずそれを払いのけることから始める画家の場合、類似性は、再創造されたイマージュに、あくまで後からついてくるものでしかない。この場合、うまくいくなら、モデルとコピーとの関係を転倒させることもできるだろう。

『差異と反復』は、差異の結果＝効果としての類似性を強調していたが、それは、この場合の画家にも、まさしくあてはまる。モデルとコピーとの関係の転倒が、プラトン哲学の転倒に通じるとすれば、ここで再創造されるイマージュを、シミュラークルと呼ぶことも許されるだろう。

ドゥルーズは、類似性が前提される具象性を第一の具象性、類似性が後からついてくるような具象性のあり方を第二の具象性と呼び、後者をリオタールの用語を借りて、フィギュールと呼びかえている。このフィギュールを出現させるには、自由な手の跡を介して、紋切り型を振り払う必要があるというわけだ。それにしても、この自由な手の跡とは、どのように位置づけられるのだろうか。

目と手

第一の具象性を、狭義の具象性として、これから具象性と呼ぶことにすれば、この具象性は、目と手との特定の関係として規定することができる。具象画とは、目で捉えたイマージュを手が忠実になぞるところに成立するものと考えられるからだ。

これをいいかえるなら、目が主となって、手が従となる関係、しかし、手は目につかえるにはそれなりの技を必要とされるのだから、立派な手であることを要求されもする、そんな関係が想定されるだろう。こんな関係は、有機体的な調和した関係であってこそ、はじめて可能であるのだから、目と手との有機体的な主従関係といってもよい。ドゥルーズは、これを視覚-触覚的（tactile-optique）な関係としている。

ベーコン論は、タイトルに「感覚の論理」という言葉が付けられているところからも予想されるとおり、目と手との関係、もしくは視覚と触覚との関係により、絵画の世界を切り分けてみせようとする試みだ。目と手との関係により、絵画のあり方は、四通りに分けられ、それぞれのあり方が、特定の地域と時代の美術様式に割り当てられもする。ただ、その射程に入るのは、中近東の一部を含む西洋世界に限られるから、その点は注意したほうがよい。その点は、ドゥルーズ自身も断っているとおりだ。

まず最初に、触視的（haptique）な関係が想定されている。これは、触覚が視覚に内在するあり方をさす。いわば、触わるように見るというあり方だ。これが最初に想定されるというのは、それが古代エジプト美術にまでさかのぼるからだ。

ちなみに、古代エジプト美術の触視的なあり方について、さらには触視的という言葉についても、ドゥルーズは、美術史家リーグルに多くを負うている。これから述べる、末期ローマの美術様式にいたるまでの展開についても、同様だ。

触わるように見るというあり方は、接近して見ることでもあるのだから、触視的な視覚を、リーグルは近接視的といいかえてもいる。具体的にいえば、形態と地とが、前景と後景という具合に遠近によって明確に分けられることなく、同一面上で近接しあい、形態と地との共通の境界が輪郭となる、そんなあり方のことだ。これが、古代エジプト美術に、それもとりわけ浅浮彫に、典型的なあり方とされるのである。

ところが次の古典期ギリシアの美術になると、奥行的な要素がいくつか見られるようになるだろう。たとえば影や短縮、重複といった表現が見出されるのだ。この段階の様式的なあり方は、視覚-触覚的、もしくは通常視的と呼ばれている。触視的な段階ほど、近接視的でもなければ、もの相互の触覚的連関が見失われるほど遠ざかるわけでもないという含みだろう。

第三の帝政末期ローマの美術になると、三次元性の表現がさらに推し進められ、明暗の交替が支配的となり、部分相互の触覚的連関は、影によって断ち切られるようになる。この段階のあり方が、視覚的（optique、光学的という意味もある）もしくは遠隔視的と呼ばれるゆえんだ。

ここまでの、触視的、視覚-触覚的、視覚的という段階的展開については、ドゥルーズはリーグルにほぼ従うだろう。リーグル自身の見解は、そのような展開を、同時代、すなわち二十世紀初頭まで続くと見るわけだが、ドゥルーズ自身の見解は、ずいぶん異なってくる。

確かに視覚的傾向は、ドゥルーズも認めるとおり、ビザンチン美術にも受け継がれるのだから、とだえるわけではない。しかし同じ中世においても、ゴシック美術になると、まったく別の傾向が顕在化することを、ドゥルーズは、今度は美術史家ヴォリンガーによりながら、指摘していく。特に北方ゴシック美術には、有機体的調和を打ち破ろうとする、いわば非有機体的生命を感じさせる線の出現が見て取られ、目の支配から自由になろうとする手の動きが感知されるからだ。こういった手のあり方を、ドゥルーズは手跡的（manuel）と呼び、目の支配の極まる視覚的あり方の対極に置いている。

以上挙げた目と手との四通りの関係、すなわち、触視的、視覚-触覚的、視覚的、手跡的というあり方は、近代以降も、さまざまに変奏されていくだろう。たとえばルネサンスは、古典的な視覚的-触覚的というあり方、バロックは、視覚的なあり方が、それぞれ優勢になっていくと見られるのである。

色彩の触視性

問題は、触視的なあり方だ。ドゥルーズは、リーグルが思いもしなかったものをそこに付け加えるだろう。すなわち、色彩の触視的な感じ方である。というのも、リーグルにとって色彩とは、視覚的（=光学的）であるほかないものだったからだ。

ドゥルーズによれば、色彩には視覚的な感取され方と、触視的な感取され方とがある。前者は、白黒、明暗を軸とする感じ方、後者は、暖寒、膨張・収縮を軸とする感じ方をさす。後者が触視的だというのは、暖かい、寒いという肌の感覚、ふくらむ、へこむという触覚的な感じ方を、視覚のうちに内在させているからだ。暖色、寒色という区別は、文字どおり、触視的な感じ方に属することは、いうまでもない。

重要なのは、色彩のこの触視的なあり方が、十九世紀後半以降、開発され、洗練されてくるように思われることだ。その代表は、やはりセザンヌだろう。この画家には、明暗とは別に、有彩色による起伏の表現があり、それこそまさに触視的な色彩感の活用にほかならないからだ。ほかでもない、ベーコンもまた、このような色彩の触視的な系譜に属する者と見なされる。

ベーコンにおいては、古代エジプト美術が示していた形態と地との近接性、および両者の共通の境界としての輪郭の役割は、色彩の触視的な使用によって、すなわち膨張・収縮の運動を活用することによって、捉え直されるだろう。

ベーコンは、地の部分は平塗りに、形態の部分は複数の色を取り混ぜ、タッチを生かした描き方にする傾向をもつ。しかも、奥行は抽象表現主義、さらにはゴーギャンにさかのぼる浅い奥行を採用する。そんな設定の中で、形態から地へと向かう膨張運動、地から形態への収縮運動という、二重の運動によって、色彩エネルギーの交通が確立されるわけだ。形態と地との共通の境界としての輪郭という、古代エジプト美術における輪郭を思わせる役割も、その交通を確保するものとして、よみがえってくる。

視覚的と手跡的

その前に、二十世紀における視覚的あり方と手跡的あり方の帰趨《きすう》を見届けねばなるまい。視覚的なあり方にせよ、手跡的なあり方にせよ、目と手との有機体的な関係の解体を告げている。

視覚的なあり方では、目の支配権が高まるのと逆に、手の役割は縮小されていく。その極端な姿は、モンドリアンやカンディンスキーによる抽象画のうちに見出されよう。そこでは、コード化された色と形の使用において、手の役割はディジタル（語源的には指をさす）なものにまで縮小されるのに対して、目は精神の目へと上昇していくのである。

手跡的なあり方では、手は目の支配を振り切り、逃走しようとするだろう。あえて目の予想しにくい描き方、目のたどりにくい描き方を採用した画家たち、たとえば、ヨーロッパのアンフォルメル、アメリカの抽象表現主義に属する画家たちの中に、その端的な姿を見ることができる。一例を挙げれば、ドリッピングという、絵の具をしたたらせる技法を用いたポロックが、その典型だろう。ドゥルーズはまた、メスカリン中毒による創作で知られる詩人・画家、アンリ・ミショーも、好んで挙げる。

さきほど、キャンヴァスの紋切り型を振り払う、自由な手の跡に触れたが、それもまた、手跡的なあり方に属すといってよい。ただ、手跡的なあり方には、効用と危険とが備わっている。

効用とは、感覚を回復できることだ。視覚的なあり方は、精神の目による支配、コードを介したディジタルな統御をめざすため、脳髄的になりがちで、そのぶん、感覚の直接性から遠ざかりがちとなる。ドゥルーズにとって感覚とは、外的な力と内的な波動との遭遇から生まれるものにほかならない。したがって、脳髄的というよりは、神経的というべき直接性をもつ。手跡的なあり方は、そのような意味での感覚を回復してくれるのだ。手跡性の危険とは、カオスの泥沼に埋没しかねないことだろう。手の逃走にまかせるだけでは、単なるカオスの混乱状態が待ち受けるだけなのだ。

フィギュールの誕生

ドゥルーズは、コードから独立した類似を、生産する類似と、生産される類似の二つに分けている。生産する類似というのは、Ａの諸要素の関係が、Ｂの諸要素間に移行する場合であって、このときＢはＡの類似像となるわけだ。そのよい例こそ、写真だろう。そこでは光学的関係が、フィルムの化学物質のうちに移行するからだ。これに対して、生産される類似とは、類似が、再生産されるべき関係とはまるで異質の関係の結果として出現する場合をいう。

すでに触れたとおり、具象性においては、類似が第一義的なものとして前提されている。写真を、そのような意味での具象性に含めるのは、生産する類似というあり方からして、妥当なことだろう。これに対して、生産される類似は、フィギュールに該当する。そこで類似は、まさに異質性の結果＝

効果として、後からついてくるものだからだ。

　フィギュールを出現させるには、具象性と訣別《けつべつ》する必要がある。自由な手の跡をとおしての訣別だ。しかし、自由な手の跡は、それが手跡的なものであるかぎり、カオスに埋没する危険がある。ドゥルーズは、カオスをディアグラムといいかえもするだろう。しかし、ディアグラムとは、何か新しいものの萌芽《ほうが》となるかぎりでのカオスをさすように思われる。

　ベーコンが抽象表現主義に見て取った危険とは、カオスに埋没する危険だった。ディアグラムを縮減し、輪郭を回復させ、平塗りの地を絵画をささえる骨組みとしなければならない。手跡性のディアグラムを通過するベーコンの態度とは、そのようなものだろう。「印象主義から、美術館の芸術のような堅固で持続性のあるものを作り出そうとした」というセザンヌの言葉は、印象主義を抽象表現主義に変えるなら、ベーコンの言葉ともなるはずだ。少なくともドゥルーズは、そう考える。

器官なき身体と絵画

　器官なき身体とは、器官の不在によってではなく、器官の過剰によって定義される。だとすれば、絵画に即して見た目と手との関係から浮かび上がってくるのも、そうした過剰にほかなるまい。だからこそ、目と手との関係も一様ではないのである。

興味深いのは、ドゥルーズが、ベーコンの描く人物像にも、器官なき身体を見ようとすることだ。そこでは、顔が解体され、顔というよりは頭部としかいいようのないものとなる。極端な場合には、叫びや笑みを残して、人体が消え去ろうとするかに見えることもあるだろう。動物への生成も、欠けてはいない。消え去ること、知覚しえないものとなることは、ドゥルーズにとって、生成の最高度のあり方を示すものだ。

ベーコン論では、音楽が分裂症的なものであるのに対して、絵画はヒステリー的なものと見なされている。また、絵画の特質を、現前の過剰を表現するところに見ようともするだろう。『千のプラトー』では、絵画に比べて音楽を特権化していた。基本的にそれが訂正されるわけではない。けれども、ドゥルーズ哲学において、絵画が正面から論じられたのは、このベーコン論が最初で最後なのだ。その点でも、これは特筆すべき書物といえるだろう。ついでにいえば、『千のプラトー』からわずか一年後に、このような書物をまとめられるというのは、正直なところ、驚き以外のなにものでもない。

2 映画のイマージュ

ベルクソンと映画

ドゥルーズの二巻におよぶ映画論は、おそらく、それ以上の驚きでもって迎えられたことだろう。かつて、これほどの大哲学者で、これほどの大著を映画に捧げようとした者がいただろうか。しかし、それほどでないにせよ、この著作が、ベルクソンの注釈に沿うかたちで展開されることもまた、やはり驚きを呼び起こしただろう。というのも、ベルクソンを知る者なら誰しも、この哲学者が映画に好意的でないことを知っているはずなのだから。

確かに、『創造的進化』の第四章、すなわち最終章のタイトルには、「思考の映画的メカニズム」という言葉がある。しかしこれは、映画が不動の映像をつらねることで、動きの錯覚を生じさせるところにねらいをつけた発想で、言いたいのは、知性による思考が、結局は実在的な動きを捉えそこなうということだ。したがってそこには、積極的な事態は何もなく、むしろ乗り超えられるべきことが名ざされている。

にもかかわらず、あえてベルクソンに沿うかたちで映画論を展開しようとしたのは、なぜなのか。ドゥルーズは、『創造的進化』が刊行された一九〇七年という時点での、映画の未成熟をひとつの理由に挙げている。しかし、その後の映画の展開は、運動と時間についての哲学、すなわちベルクソン哲学の全体を、あたかも思考し直すかのように展開したのだと、ドゥルーズは言う。そしてそれこそ、

1895年、最初の映画を撮影したシネマトグラフ

ベルクソン哲学に沿うかたちで映画論を展開した大きな理由なのだ。そこからもうかがえるとおり、映画作家は、思考する存在と見なされている。

しかし、どうしても、さらに深い理由を、少し別のところに見たいと思うのだ。ドゥルーズも強調するとおり、映画は特定の機械仕掛けとともに始まった。もしそれを芸術のひとつと見るならば、これは異例のことだろう。というのも、詩にせよ、音楽にせよ、絵画にせよ、ある意味で芸術の歴史は人類の歴史同様に古いといえるからだ。

相補性

映画特有の機械仕掛けには、フォトグラムのひとコマひとコマを均一な速度で送り続けるシステムが、本質的なものとして含まれている。ベルクソンを注釈するドゥルーズによれば、それは、近代的な時間観念に、みごとに即したあり方なのだ。

ベルクソンは『創造的進化』の中で、古代的な時間観念と近代的な時間観念を対比してみせている。それによると、古代的時間観念が、特権的な時点を想定するのに対して、近代的な時間観念は、どこをとっても均質な時間を想定するという。だからこそ、近代科学は、時間を表わす独立変数tを登場させたのである。ここでtとは、そこにどんな数値をほうり込んでもよいのだから、どんな時点でも妥当する、特権的時点のない時間を表わすには、このうえもなく、都合のよいものなのだ。

それでも、ベルクソンにとっての実在的な時間としての持続とは、そのような時間とは根本的に異なる、異質でありながら相互に浸透しつつ新しさを湧出させ続けるものではなかったのか。確かにそのとおりである。しかし、その点を認めるからといって、もうひとつの側面を見失っては、不十分となるだろう。それは、相補性という側面である。

ベルクソンは、自らの哲学が近代の実証的な諸学と相補的な関係を結べるよう望み続けた。アインシュタインの相対性理論に対しては、自らの『持続と同時性』によって、そのような相補性を提案しようとしたくらいだ。そこにドゥルーズは、相補性の感動的な実践を見るだろう。ほかでもない、近代の均質で平均的な時間観念に即応する映画装置が注目されるのは、そのような近代的装置を使いこなす映画作家に、まさしくベルクソン的な相補性の実践が見て取れるからなのだ。

映画の諸レベル

なるほど、ひとコマひとコマのフォトグラムは、不動の断片の集まりからなるかもしれない。そして、ベルクソンが繰り返し強調したとおり、不動の部分をいくら寄せ集めても、真の運動を再構成することはできないのだ。

とはいえ、それらひとコマひとコマを均質な時間にそって送り出すことで、真の運動を、そして真の時間を表現することができるかもしれない。それは、近代科学を語りながら、運動と時間を語ったベルクソンの態度そのものではないか。

ベルクソンを注釈するドゥルーズは、閉じたシステムを形づくる集合の中に不動の断片があるというのとは別に、質的変化からなる開かれた全体としての持続のうちに、動的断片があるというあり方を見て取っている。そこからは、次の三つのレベルが抽出されるだろう。

① 運動の不動の断片からなる集合
② 持続の動的断片からなる運動
③ 持続の開かれた全体

ドゥルーズが運動イマージュと呼ぶものは、②のレベルに等置され、時間イマージュと呼ぶものは、

③のレベルに等置される。重要なのは、映画作りの三つの部分が、これら三つのレベルに対応させられていることだ。すなわち、フレームが①、ショットが②、モンタージュが③という具合である。ちなみに、映画論の第一巻は、運動イマージュに当てられ、第二巻は、時間イマージュに当てられている。

この著作の展開は、おおむね、映画の歴史的展開に対応するだろう。もちろん、三つのレベルは、どの段階でも存在するが、どのレベルが優勢かは、時代によって異なるはずだ。大きく分けると、戦前までの映画は、運動イマージュを中心として展開され、戦後の映画は時間イマージュを中心として展開されるという。いいかえるなら、戦前までの映画では、時間イマージュは間接的に表現されるにとどまるのに対して、戦後の映画では、直接的に表現されるという違いがあるとされるのだ。

運動イマージュの諸相

ベルクソンは『物質と記憶』の中で、物質をイマージュと等置してみせた。しかしそれだけではすまない。さらに物質を運動そのものと等置してみせるのだ。運動そのものの下に動くものは存在しない。それ自体は動かないものが動くことにより運動を作りなすと考えるのは、人間に根深い錯覚である。実のところは、動くもののなき動きそのものがあるばかりなのだ。したがって物質としてのイマージュとは、運動としてのイマージュ、すなわち運動イマージュというにほかならない。

このような運動イマージュの発見が、『物質と記憶』の刊行された一八九六年になされていることに、ドゥルーズは注目している。この年は、リュミエール兄弟により、パリではじめて映画が上映された年の翌年にあたるからだ。

リュミエール兄弟

さて、運動イマージュからなる宇宙、それは中心のない宇宙である。ところが生物の出現とともに、そこに中心が生まれてくる。生物の身体のひとつひとつが中心となるのだ。ただ、それはあくまで不確定性の中心である。なぜなら、生物が作用を受け反作用を返す、いいかえれば刺激を受け反応を返すその間には、遅れとためらい、そして選択が存在し、そのため反応は、不確定で予見できないものとなるからだ。この遅れとためらいは、選択の余地と不可分であり、高等動物になるほど、選択の余地は大きくなり、行動は予見できないものとなっていく。

ドゥルーズは、ベルクソンにより提示された刺激と反応とその間という三つの要素に、運動イマージュの三つの変相（variété）を見て取るだろう。すなわち、知覚イマージュ、行動イマージュ、感情イマージュの三つだ。そしてそのそれぞれに、ロング・ショット、ミドル・ショット、クローズ・アップが、おおむね対応するものとする。

行動イマージュ

ここでもっとも重要なのは、行動イマージュだろう。行動イマージュには、他の二つが前提されるというだけでなく、そもそも、運動イマージュを中心に置く戦前までの映画のあり方では、行動イマージュが主とならざるをえないからだ。

戦前までの映画を特徴づけるあり方とは、多少単純化していうならば、状況に対する登場人物の行動への信頼である。それは、状況に対して積極的に働きかけ、状況を変えることができるという信念にも通じるだろう。だからこそ、観客は映画の登場人物と一体化し、その一挙手一投足に心を奪われもする。映画の時間もまた、行動に即して、合理的に分節されるだろう。それはアリストテレス的な時間、すなわち運動の数としての時間に、基本的に従う。だからこそ、この段階では、時間イマージュは運動イマージュに従属するものとして、間接的にしか表現されないと見られるのである。

そのような意味で、行動イマージュを主とする映画のあり方を代表するのは、やはりハリウッドの古典映画だろう。ドゥルーズは、その典型的なかたちを、彼が行動イマージュの大形式と呼ぶもののうちに見て取っている。

大形式とは、ＳＡＳ'と図式化されるもののこと。ここでＳは状況（situation）を表わし、Ａは行動（action）を表わす。すなわち、全体的な状況（Ｓ）が示され、その状況に立ち向かう行動（Ａ）が続き、その行動により変化した状況（Ｓ'）が示されるというわけだ。ちなみに、行動イマージュの小形式というものも、ドゥルーズは考えていて、それをＡＳＡ'と図式化している。これは、登場人物にとって全体的な状況が不明なまま、まず行動（Ａ）が示され、それにより部分的ながら明らかになった状況（Ｓ）が続き、変化した行動（Ａ'）が示されるというものだ。

大形式のわかりやすい例は、やはり西部劇だろう。平和を脅かされる状況（Ｓ）が示され、ひとりのヒーローがその状況に立ち向かい、はなばなしい決闘（Ａ）の場面となる。そしてついに平和な状況（Ｓ'）が訪れるというわけだ。

西部劇も含めた行動イマージュを主とする映画は、もちろん、戦後も作られ続けるだろう。そのことは、西部劇の名コンビ、ジョン・フォードとジョン・ウェインによる映画を見てもわかるとおりだ。重要なのは、新しい映画のあり方が、戦後を待たずに示されはじめたことである。すなわち、時間イマージュの直接的表現というあり方が。

純粋に光学的で音響的な状況

映画の新しいあり方が出現するにあたっての条件として、ドゥルーズは、感覚と運動の連関、いいかえれば刺激と反応の連関が、弛緩していったことを挙げている。全体的な状況も、部分的な状況もつかみきれないまま、登場人物は、どのように反応し、ふるまえばよいのかわからないまま、さまようほかなくなるというのだ。

行動イマージュを主とする映画においては、自らの行動により、状況を変え、明らかにできるという、ある種の自信が前提となる。第二次世界大戦という、それまでとは比較を絶した巨大な惨禍を経験したことも一因となったのだろう、状況に働きかける行動に自信をもてなくなった人物は、もっぱら傍観者的となるほかない。こうして、状況は、純粋に光学的で音響的なものとなっていき、傍観者的となった人物は、行動で応えることもなく、ひたすら見る者、聞く者となるばかりだ。

しかし、そのような条件においてこそ、運動イマージュを主とする映画の要請する合理的な時間構成に服していた時間イマージュが、そのような制約を解かれ、もっと自由なかたちで、直接的に表現されうるものとなるのである。ショットはモンタージュに従属し、非合理的な切断と連鎖さえ試みられるだろう。運動の数という、アリストテレス的な時間表象と不可分な合理的な筋立てを離れた、時間イマージュの表現の数々が、戦後の世界各地に、こうして実現されていったのだ。
ドゥルーズは、純粋に光学的で聴覚的な状況を確立し、時間イマージュの直接的表現をなしとげた先駆的存在として、小津安二郎に触れているが、この例外的な映画作家を除けば、やはり、オーソン・ウェルズに先駆者としての栄誉が与えられるだろう。特にその『市民ケーン』（一九四一年）に。

過去の諸相

『市民ケーン』は、主人公であるケーンが死んだところから始まる。そして彼が死の床で遺した「ローズバッド（薔薇《ばら》の蕾《つぼみ》）」という言葉が、謎として残されるのだ。この謎を探求する人物が、さまざまな人物に問いかけつつ、ケーンの過去のさまざまな場面に入り込んでいこうとする。そのような設定で映画は進行するだろう。問題は、この過去のさまざまな場面の表現だ。ドゥルーズは次のように言う。

はじめて、直接的な時間イマージュが映画に登場したのは、現在の（それがどんなに巻き込まれた現在であったとしても）諸相のもとでではなく、反対に過去の諸層のもとでだった。それは、ウェルズの『市民ケーン』とともに始まったのだ。（『シネマ 2』、一三八頁）

　ここで過去の諸層といわれるとき、過去の全体の諸断面のことが意味されている。すでに本書の第一章の3で、逆円錐図により示したものだ（四二頁参照）。そこでも触れたとおり、それぞれの断面は、過去の全体を反復する。『市民ケーン』では、そのような過去の層が直接的な時間イマージュとして表現されるというのだ。

　要するにフラッシュ・バックのことではないのかと、いわれるかもしれないが、それは違う。フラッシュ・バックとは、合理的な筋立てを補強するべく差し挟まれる過去のイマージュであって、その場合の過去のイマージュとは、知覚や行動の必要に応じて顕在化しようとする思い出イマージュである。そうである以上、フラッシュ・バックの技法は、あくまで運動イマージュに従属するものとして、時間イマージュを間接的に表現するものでしかない。

　これに対して『市民ケーン』は、広角レンズによって達成される被写界深度の深まりにおいて、過去の諸場面を、それ

オーソン・ウェルズ

ぞれが、過去の全体が収縮されたものであるかのように、しかも、前後の行動連関から独立したかたちで、表現することができた。直線的な時間進行から断ち切られた過去の諸層は、直接的な時間イマージュとして提示されたのである。

結局のところ、謎の探求者は「ローズバッド」の秘密を解き明かすことができないまま終わる。しかし、映画の観客は、暖炉に投げ込まれる橇《そり》に、その言葉を見つけるだろう。それは、幼いケーンが親から引き離される日に遊んでいた橇にある言葉だったのだ。謎の探求者が、たとえば推理物の主人公のように、謎を解き明かす英雄ではないことに、注意しよう。その点でも、この探求者は、戦後の現代的な映画の登場人物なのである。

思考と自動機械

時間の直接的表現は、戦後になると、一九四八年頃から始まるイタリアのネオ・レアリズモ、一九五八年頃から始まるフランスのヌーヴェル・ヴァーグなどにより、数々の名品として、提示されていく。しかし、ここでそれらの作品を分析する余裕はないし、ドゥルーズの分類論議をたどる必要もないだろう。なにしろ、『シネマ』全体では、戦前のものを含めると、およそ百八十人の映画監督、およそ七百本の映画作品が、とりあげられているのである。その分類と分析は、ここで詳述するには膨大すぎるとしか、いいようがない。

ただ、直接的な時間イマージュを分析する途上で、思考における思考の発生というドゥルーズ的なテーマが新たな展開を見る次第については、触れないわけにはいかないだろう。そのテーマは、運動イマージュからの自動機械（automate）の発生として展開されるのだ。

映画がかかわるはずの運動イマージュは、いってみれば、即自的な運動、自動運動である。その運動を行なう動体からも、それを再構成する精神からも、独立していると思われるからだ。ほかの芸術であれば、そうはいかないだろう。たとえば絵画であれば、それが表現するとされる運動は、精神によって再構成されねばならないだろうし、またたとえば舞踊であれば、動きをになう体のことを考えないわけにはいかないからだ。

ドゥルーズは、自動的な運動こそが、イマージュの芸術的本質を実現できるという。すなわち、「思考に衝撃を与え、大脳皮質に振動を伝え、脳および神経組織を直接感動させるという」本質だ。こうして、「自動運動は、われわれのうちに精神的自動機械を生じさせる」のである。精神的自動機械とは、「思考が運動イマージュと結ぶ回路のこと、思考を強制するものと、衝撃のもとで思考する者とに共通の力能のこと」をさす。

ドゥルーズはまた、精神的自動機械を「機械人間」ともいいかえ、それについて次のように言う。

220-221

それをわれわれは頭の背後にしかもたず、その年齢はわれわれと同じ年齢でも、われわれの幼児期の年齢でもなく、純粋状態におけるわずかの時間なのだ。(『シネマ 2』、二二〇頁)

ここで、「純粋状態におけるわずかの時間」というプルーストの言葉によって、時間との本質的な関係が指し示されているのを見落としてはなるまい。

重要なのは、運動イマージュからの衝撃が、「外の思考」を巻き込んでくることだ。ここでいわれる「外(dehors)」とは、思考における思考されえないものをさす。それは、思考における思考の発生の不可欠の契機と見なされるはずだ。

自動機械の二つの側面

ドゥルーズは、自動機械に、二つの意味を見て取るだろう。ひとつは、思考の最高次の働きをしるすものとしての大きな精神的自動機械であり、もうひとつは、自分自身の思考を奪われ、内的刻印のなすがままになるものとしての心理的自動機械である。心理的自動機械については、夢遊病者や催眠術にかけられた者、幻覚や固定観念に動かされる者のような、自動人形的なもののことを考えればよい。大きな精神的自動機械について、ドゥルーズは、ジャン=ルイ・シェフェールを参照しつつ、「時間を直接的に経験する脳」といいかえてもいる。

もしひとりの指導者が大きな精神的自動機械となり、隷属的な大衆が心理的自動機械となるとしたら、どうだろうか。それが実際に大規模なかたちで起こったのが、ナチス時代のドイツだった。

ヒットラーは、まさしく偉大な映画作家だったのだ。現代ドイツの映画作家ジーバーベルクの『ヒットラー・あるいはドイツ映画』（一九七七年）は、まさしくそのようなヒットラーに対する闘いであるとともに、情報に対する闘いでもある。なぜなら、ヒットラーは情報によってしか存在しないからだし、今日は情報機械の時代だからだ。

ドゥルーズは、情報そのものが堕落だという。なぜなら、情報は、その源についても、その受け手についても、なんら教えてはくれないからだ。したがって、情報を超えようとすれば、その源と受け手とに問いかけねばならないだろう。

ジーバーベルクは、長大な『シネマ』において、

情報が作り出した怪物、ヒットラー

事実上、最後に分析が加えられる映画作家である。直接的な時間イマージュの皮切りとなった『市民ケーン』に簡単ながら触れた以上、ここでもジーバーベルクに簡単に触れておこう。

この映画作家が、他の現代的な映画作家と共有する特徴を、ドゥルーズは二つ挙げている。ひとつは、音響的な部分と視覚的な部分の分離、いまひとつは、創造的仮構としての言語行為だ。ここでいわれる仮構とは、ベルクソンが虚構的存在を作り出す能力として用いた「仮構機能（fonction fabulatrice）」からとられている。ドゥルーズは、それを、発話されるあらゆる情報から引き出される言語行為として捉え直すのだ。仮構とは、次のように定義されている。「人物が、その私的問題と政治的問題を分かつ境界を絶えず超え出て、自ら集団的言表を生産するところの言語行為」だと。

ジーバーベルクの『パルジファル』（一九八二年）では、現代的映画の二つの特徴が、情報を超えようとする二つの問いに結びついている。情報の源への問いは、創造的仮構を浮上させるだろうが、そのような側面は、ワーグナーの巨大な頭によって表わされるだろう。そこから発せられる歌としての言語行為の受け手となるのは、パルジファル、特に、ワーグナーの巨大な頭が二つに割れたときに出てくるパルジファルの少女の分身だ。ここで創造的仮構をになう歌は、贖罪《しょくざい》にかかわるものとなるだろう。

重要なのは、ワーグナーの頭が精神的な自動機械、一対のパルジファルが心理的な自動機械と見なされていることだ。大きな精神的自動機械と心理的自動機械とは、かつては、たとえば、ヒットラーと隷属的大衆とに分割されていたし、今日では、コンピューターに代表される情報機械と、情報に操られ支配的神話に隷従する大衆とに分割されるのかもしれない。

情報の源と受け手への問いを、創造的仮構としての言語行為へ、視覚と音響との分離へと重ね合わせつつ、自動機械を別様に組み立ててみせること。世界を映画として見ることは、そのような思考と実践へと誘うのである。

終章

哲学とは何か

1 哲学・科学・芸術

告別

浩瀚《こうかん》な映画論を刊行する前後から、ドゥルーズは、さまざまな別れを経験しなければならなかった。『シネマ 2』刊行の前年にあたる一九八四年には、フーコーの死。すでに六年以上も顔を合わせることのない仲になっていたが、フーコーの身近な友だったドゥフェールの頼みにより、葬儀の場で弔辞を述べることになる。二年後の一九八六年には、『フーコー』を友愛と敬愛のしるしとして捧げるだろう。

また、ソルボンヌの学生の頃からの友人だったフランソワ・シャトレの死は、『シネマ 2』刊行と同じ一九八五年のこと、やはり友愛の記念の書『ペリクレスとヴェルディ——シャトレの哲学』を、三年後の一九八八年に刊行するはずだ。

そしてついに大学を去る日も、訪れた。一九六九年に指名されて以来、籍を置くことになったパリ第八大学。最終講義は、一九八七年六月二日、テーマは、続行されていたライプニッツとバロックにかかわるものだった。フランス人はもとより、日本、アメリカ、中南米、アフリカ、中近東、インド、ロシアなどといった地域から、多くの人が押しかけたという。その記念すべき日をフィルムに収めようとするカメラの列も欠けてはいなかった。翌一九八八年には、講義の内容を『襞――ライプニッツとバロック』としてまとめることになるだろう。

別れの跡を刻印されたこれら三冊の後に、本格的な別れの書が刊行されることになる。『哲学とは何か』(一九九一年)。『千のプラトー』以来、十一年ぶりのガタリとの共著だ。しかし同じ年、ドゥルーズの肺は機能しなくなり、以後、人工呼吸器に頼る生活を続けることとなる。ドゥルーズの容体を心配していたガタリは、翌一九九二年、思いがけぬ死を迎えてしまうだろう。

同じ一九九二年には、ベケット論『消尽したもの』を、ベケットのテレビ放送用シナリオと抱き合わせで刊行したり、翌一九九三年、それまでに書いた小論をまとめて、『批評と臨床医学』として刊行したりはするだろうが、本格的な著作としては、『哲学とは何か』が最後となるはずだ。文字どおり、告別の書といってもよい。

思考の三形態

「哲学とは何か」、こんな問いを立てることができるのは、老年が訪れたときだけだろうと、ドゥルーズとガタリは言う。そして、カントの『判断力批判』を老年の作品として挙げ、次のように言うのだ。

精神の諸能力のすべてが、その限界を踏み越える。壮年期の著作において、カントがあんなにも入念に定めていたあの同じ限界を。（『哲学とは何か』、八頁）

ドゥルーズとガタリも、この老年期の著作において、同じことをしようというのだろうか。確かに、そう思いたい人もいるかもしれない。しかし、少なくともぼくにとっては、二人が自ら、そう思わせたいかのように掲げたカントへの言及は、少々、冗談めいたものに思えてしまうのだ。

いったい、ドゥルーズとガタリが、そもそも限界なるものを入念に定めたことがあっただろうか。むしろ、この著作ではじめて、彼らは限界なるものを定めようとしているのではないか。なにしろ彼らは、ここではじめて、哲学、科学、芸術という三つの領域の限界を定めようとしているように思われるのだから。

いや、領域という言い方は、すでにあまりにもカント的かもしれない。しかしいずれにせよ、哲学と科学と芸術を、ドゥルーズとガタリは、思考の三大形態と見なし、それぞれが何を創造するかによって、明確に区別しようとするのである。それによると、哲学は概念を、科学は関数を、芸術は感覚を、それぞれ創造するものとされるはずだ。

哲学と概念

哲学的思考が創造するとされる概念の特徴を、ドゥルーズとガタリは、四つ挙げている。まず、諸概念相互の外的共立性（exo-consistance）。次に概念の諸成分相互の内的共立性（endo-consistance）。第三に、概念の諸成分の変異の不可分性。第四に、諸概念の共鳴性である。

外的共立性とは、諸概念相互に為される架橋のこと。内的共立性とは、概念の諸成分が、近傍帯もしくは識別不能帯によって不可分に結ばれてあることをいう。第三と第四の特徴は、第二と第一の特徴を、それぞれ力動的に定義しなおしたものと、とればよい。

第三の特徴に関連して、概念は、「絶対的に上空飛行する一点が無限の速度で経めぐることにより、有限数の異質な成分が不可分に結ばれてあること」として、定義されるだろう。いいかえるなら、概念は、「その上空飛行もしくは速度によって無限だが、諸成分の輪郭を描くその運動によって有限」なのである。ちなみに、概念の成分は、変異（variation）ともいわれるはずだ。

第四の特徴に関しては、出来事としての概念のあり方が、深くかかわってくるはずだ。出来事は、非物体的なものである。だからこそ、概念は言述とは区別され、哲学は命題とは区別されるだろう。

ルネ・デカルト

というのも、命題は指示（référence）によって定義され、指示は、事物の、もしくは物体の状態とかかわるからだ。出来事を表わすものとして、ひとつひとつの概念は振動の中心であるがゆえに、諸概念は共鳴するのである。

ドゥルーズは、いくつか例を挙げているが、やはり、デカルトの例がわかりやすいだろう。デカルトのコギト、すなわち、〈思考する私〉の概念には、三つの成分がある。疑う、思考する、存在する、の三つだ。これら三つは、内的共立性を持ち、不可分の関係にある。ところが、〈思考する私〉の概念は、有限な思考する存在にかかわるのだから、ほかのタイプの存在、すなわち、無限の存在や延長的存在と関係づけようとすれば、橋を架けるしかない。

このような架橋行為によって、有限な思考する存在は、無限の存在（神）と、延長的存在との間に外的共立性を持ち、互いに共鳴しあうことになる。デカルトは、その諸概念を、内的共立性と外的共立性を含め、いわば出来事として創造したのだと、いわねばなるまい。

内在平面と概念的登場人物

しかし、デカルトは、そのような諸概念を創造しただけだろうか。いや、哲学が概念を創造するとしても、そもそも、それだけで十分といえるのだろうか。概念は、なんらかの問題に対する解として創造されるはずだろう。そしてそのようなものとしてはじめて、概念もまた、ある種のささえを得るはずだ。

問題の条件をなすとともに、概念のささえともなるはずのもの、それをドゥルーズとガタリは、内在平面と呼ぶ。『千のプラトー』にも、異なる意味合いと文脈で出てきた用語である。内在平面を描くことと、概念を創造することとは、どちらが先で、どちらが後というべきではなく、むしろあくまで同時的な作業だといわねばなるまい。概念と内在平面との関係が、波の比喩によって語られている箇所を、次に引こう。

諸概念とは、上昇しては下降する多様な波のようなものだが、内在平面とは、それらの波を巻き込んでは繰り広げるただひとつの波である。内在平面は、そこを経めぐっては回帰する無限の運動を含み込むが、概念とは、そのつど自らの諸成分だけを経めぐる有限な運動の無限の速度なのだ。

（同前、三八頁）

『差異と反復』で仕上げられた用語を使って、内在平面は、概念の前提となる思考のイマージュとしても規定されている。次の記述は、『差異と反復』の、デカルトの思考のイマージュに触れた箇所に、まさに呼応するものだろう。

デカルトの内在平面は、各概念が他の概念へ差し向ける（たとえば「人間は理性的動物である」）といった客観的で明示的な前提を忌避《きひ》することにある。それはただ、前哲学的理解、つまり主観的な暗黙の前提を引き合いにだす。すなわち、思考する、存在する、私、ということが何を意味するかをだれでも知っている（思考しながら、存在しながら、私といいながら、それを知っている）という前提だ。これはとても新しい区別である。そのような平面は、客観的なものをなんら前提しないはずの第一概念を要求する。したがって、問題は次のとおりだ。この平面上で第一概念とは何なのか、あるいは、真理を絶対に純粋な主観的確信として規定しうるには、何から始めればよいのか。コギトとは、そのような概念である。（同前、三一頁）

思考のイマージュとしての内在平面が、どのようなかたちで概念の前提となり、概念にとって問題の条件を規定するかを、みごとに示した一節だ。

それでも、まだ何かが欠けている。それは仲介者だ。未知数的でありながら、概念と内在平面を仲介するもの、さらには、カオスと内在平面をも仲介するもの。それを、ドゥルーズとガタリは、「概念的登場人物」という。それは、感じる主体としての仲介者の、哲学版といえるかもしれない。

ふたたびデカルトに戻るなら、この哲学者にとっての概念的登場人物、それは、公的な教授（スコラ哲学者）に対する私的思想家としての愚者（l'idiot）である。この人物は、「人間は理性的な動物である」といったような、教え込まれた概念など、いっさいあてにせず、だれしももつはずの生まれつきの力でもって、概念を形成しようとするだろう。確かに、奇妙な人物ではある。それでも、このような人物に仲介されてこそ、デカルトのあの斬新な概念と、思考のイマージュは作り出されたのである。

カオスとの関係

ここでカオスについて触れないわけにはいくまい。哲学、科学、芸術という、思考の三大形態は、基本的には、カオスとの関係により区別されるからだ。それにしても、そもそもカオスとは何なのか。それは、単なる無秩序ではない。カオスは、「あらゆる形が粗描されては消散する無限の速度」、「生まれては消える無限の速度」によって定義されるだろう。そのようなものとして、カオスとは、潜在的なものなのだ。哲学は、カオスに対して、内在平面を描きながらも、その無限の速度から、なにがしかを保持しようとする。

哲学的思考が、概念と、その前提としての内在平面、仲介者としての概念的登場人物という、三つの要素によって、カオスに対峙するのと呼応するかのように、科学と芸術も、それぞれに特有の三つの要素でもって、カオスに向かい合おうとするだろう。

科学は、概念ではなく、関数を創造する。概念が非物体的なものとしての出来事を表わすとすれば、関数は、物体の状態を指示するだろう。概念の諸成分が、相互に不可分な変異というあり方をするのに対して、科学は独立変数を仕立てようとする。独立変数が、いってみれば、関数の成分だ。物の状態を指示しようとすれば、時空関係を規定できる座標系が設定されねばなるまい。関数の前提となる指示平面とは、さまざまな座標系が設定されうるような場をいう。そして、関数と指示平面を、仲介するものとして想定されるのが、部分的観察者だ。部分的観察者とは、あくまで物の状態に内在されるとされる理想的観察者のことである。部分的といわれることで、すべてを見渡せる神のような全体的観察者が否定されているのは、いうまでもない。

科学の場合、カオスに対して、なんらかの極限もしくは境界を設定することで、その無限については、それを断念しようとする。そこが、あくまでカオスの無限性を保持しようとする哲学との違いだろう。科学が無限の速度を断念するのは、「潜在的なものを顕在化しうる指示を獲得するため」だとされている。ここで、『差異と反復』で語られた、理念という潜在性の顕在化を思い起こすのも、むだではあるまい。そのような顕在化が前提とするはずの個体化は、ある意味で、理念の強度を保持しつつなされるものだった。

さらに、カオスとの関連で語られた、併せ含み・巻き込み・繰り広げのことも、思い起こされるだろう。科学が、潜在的なものの顕在化へ向かうことで、カオスの無限性を断念するとすれば、哲学は、個体化のプロセス、さらには、併せ含み・巻き込み・繰り広げというかたちで、カオスの無限を保持するということもできそうだ。ただ、『差異と反復』と『哲学とは何か』との間に、厳密な対応関係があるといいきるつもりはないことだけは、おことわりしておく。

芸術は、また別種の三要素でもって、ことにあたろうとする。それが創造するのは、諸感覚のかたまり、諸感覚の合成物だ。概念が変異からなり、関数が変数からなるのに対して、この諸感覚の合成物は、いわば変相（variété）からなる。芸術の仕事は、諸感覚の合成物を、建造物のように堅固なものに仕立てあげようとすることだ。その点で、はっきりと、カオスの無限性とは手を切るだろう。なぜなら、そのような構築物は有限であるほかないからだ。

しかし、芸術は、潜在的でもなければ、顕在的でもなく、可能的としかいいようのないものを、自らの持ち分とする。そのかぎりで、無限なものを回復しようとすることができるだろう。建造物としての作品という有限なものから、宇宙的なものへと広がる無限性を、逃走線として描き出すことができるはずなのだ。

いずれにせよ、このような諸感覚の合成物の前提として、それをささえるのが、合成平面であり、仲介者となるのが、

イヴ・クライン

感性的人物像（figure esthétique）である。芸術の世界では、芸術家も、全面的に感覚されうる人物となってしまう。ドゥルーズとガタリは、ブルーのモノクロームで知られるイヴ・クラインが自称した「モノクローム画家、イヴ（Yves, le monochrome）」に言及している。ブルーになりきってしまった画家。それもまた感性的人物像だろう。

『哲学とは何か』は、哲学と科学と芸術を、カオスとの関係のありようにより区別される、思考の三形態として提示した。その点で、それまでのドゥルーズの著作が、その三形態を含め、諸分野のパッチワーク的な織り合わせから、力強く明快な思考を響かせていたのに対して、ずいぶんおもむきの異なる著作だったといえる。しかしいずれにせよ、カオスとの関係は、強力に保持されているのだし、カオスとの関係があればこそ、思いがけない相互干渉から、予想を超えた積極的な事態が生み出されないともかぎるまい。

ドゥルーズとガタリは、そのような事態として、「来たるべき民衆の影が、カオスから抽出される」かもしれないと示唆する。そうなれば、この同じ影を共有するかのように、哲学と芸術と科学が識別不能になるだろうという。実は、これこそ、ドゥルーズとガタリとが、その共著によって試みてきたこと、あるいは試みようとし続けたことではなかったのか。だからこそ、彼らは、あのように超人的ともいえるほどの諸領域、諸分野の横断を敢行したのだろう。『哲学とは何か』を締めくくる最後の二、三頁を読みながら、そんな確信にも似たつぶやきが、湧き起こってくる。

来たるべき民衆への呼びかけ、それを語るとき、ドゥルーズは、ベルクソンの仮構機能に何度か触れてきた。『千のプラトー』でも『シネマ』でも。そのことだけでも、十分に意味深い。この仮構機能を、ベルクソンは、なによりも宗教との関連で語っていたからだ。架空の存在を作り出し、それを信じる能力は、やはり、まずなによりも宗教において、その存在理由を見出すだろう。

ベルクソンは、宗教という圧力ぬきでも、その機能は、たとえば文学などで、十分に働き続けるはずだと言いもする。それを言質《げんち》にとるかのようにドゥルーズは、すでに『ベルクソンの哲学』において、芸術のひとつの源泉として、仮構機能を語っていた。『哲学とは何か』でも、感性的人物像に仮構機能の働きを見さえするだろう。哲学と芸術との相互干渉の一例は、ニーチェのツァラトゥストラであり、マラルメのイジチュールだった。どちらも、感性的人物像でもあるはずのものだからだ。

ドゥルーズは、このように、宗教との深いかかわりのもとに提示されたものさえも、芸術や政治の問題に組み込もうとするだろう。死後の世界やあの世ではなく、この世を、この身を信じるという問題も、そこにからんでくるはずだ。来たるべき民衆への呼びかけが、そのようなあまりにも宗教的な信仰を断ち切った思考を背景に、語られていることは、見落とせないだろう。

ドゥルーズの哲学

『哲学とは何か』での哲学観にしたがって、ドゥルーズの哲学を読み直すことができるかもしれない。まず、その哲学形成の過程で目についてくるのは、差異の概念である。

「ベルクソンにおける差異の概念」と、タイトルにもあるとおりの、この論文の重要さについては、すでに触れたとおりだ。持続、記憶、エラン・ヴィタールという、ベルクソン哲学の主要概念が、差異という概念を鍵として、みごとに解き明かされていた。その過程で、ドゥルーズは、差異の概念が反復の概念と共鳴する場面を、確実に見届けていたのである。

本書でも複数回触れた、過去の全体を表わすものとしてのあの逆円錐図において、過去の無数の断面が、それぞれに特有の差異の度合いにおいて、過去の全体を反復するとされていた。差異の概念が反復の概念と響き合うだけでなく、差異の度合いという強度的なものが、無数の断面というかたちで、すでに多様体を形作っているではないか。すなわち、差異、反復、強度、多様体といった、ドゥルーズ的概念が、そこで早くも共鳴しつつあったのである。その共鳴が、ドゥルーズの哲学として、文字どおり轟《とどろ》きはじめるには、『差異と反復』を待たねばならなかったとしても。

『差異と反復』には、内在平面も、概念的登場人物も、示されている。内在平面、すなわち哲学的思考の前提となる、思考のイマージュは、すでに古典的な哲学者たちに共有された思考のイマージュを批判しつつも、すでに描き出されていた。それは、感じられえぬにもかかわらず、感じられることしかできず、しかも感じられねばならないものとの遭遇により、いいかえれば記号との遭遇により、魂の全体を突き動かされつつ、発動される思考というイマージュだ。

魂の全体を突き動かされるからには、記憶の全体を突き動かされずにはすむまい。その過程で、記憶は、やはり自らの限界に突き当たりつつ、思考を暴力的に突き動かしていくだろう。そうして、思考は、思考されえぬものを、思考することしかできないものとして、思考するよう強制されるのだ。思考のうちに思考しえぬものを含みもつものとしての思考のイマージュ。フーコーのブランショ論のタイトルを借りて、ドゥルーズ自ら呼んでいたような、「外の思考」としての思考のイマージュ。『哲学とは何か』において、その思考されえぬものは、内在平面における内在性と呼ばれることになるだろう。

そのような内在性に到達した哲学者は、ただひとりだったと、そこでは言われていた。スピノザのことである。そして、以後、そのような内在性に到達した哲学者がいるとしたら、『物質と記憶』におけるベルクソンぐらいだろうとも、指摘されていたはずだ。

それは、疑いもなく、『シネマ』の言い方にならえば運動イマージュのことを言っている。この運動イマージュの自動性が、思考を外の思考へまで強制することについては、前章で触れたとおりだ。そうしてみると、『差異と反復』の、思考を発動させるものとしての記号に当たるもの、それはまさしく、運動イマージュだったことにもなるだろう。

ドゥルーズにおける思考のイマージュ、もしくは内在平面とは、無意志的なもの、無意識的なものだったといえる。そうであるかぎり、概念的登場人物として、スキゾ（分裂病者）が、特定されてくるだろう。すでに『差異と反復』は、分裂症について、無意識のあり方をもっともよく明かすものとして言及していた。差異の概念を徹底するなかで浮上したノマド的配分は、すでにノマドを登場させていたではないか。

スキゾは、『アンチ・オイディプス』において、スキゾ分析にかかわる諸概念と、その前提としての内在平面とを仲介する概念的登場人物だったといえるだろう。そこで内在平面の役割を果たすのが、いうまでもなく、器官なき身体である。

ノマドは、『千のプラトー』で、主役クラスの概念的登場人物となるだろう。そこでは、いくつかのものが内在平面として想定されている。内在平面と概念との関係に触れている箇所を、次に引こう。

> 諸概念は、ひとつの機械の布置としての具体的組み立てだが、〔内在〕平面は、抽象機械であって、組み立てはその部品なのである。（……）〔内在〕平面は、諸概念がそこを分割することなく占拠する、砂漠のようなものである。（『哲学とは何か』、三九頁）

内在平面は、抽象機械でもあれば、砂漠でもあり、さらにいえば、平滑空間でもあるだろう。戦争機械という概念をはじめ、『千のプラトー』で提示された諸概念と、そういった思考のイマージュ＝内在平面とを仲介する概念的登場人物が、ノマドだったのである。

もちろん、ほかに何人もの概念的登場人物を列挙することができるだろう。なにしろ、『シネマ』では、映画作家、映画の登場人物までが、そのような役割を果たすのである。ドゥルーズの著作に親しんだ者なら、その哲学の諸概念と、その前提となる思考のイマージュ＝内在平面と、数知れないほどの概念的登場人物とが、自らの思考に出没する目もくらむような瞬間に、いくどか我を忘れた経験があるはずだ。

未来の反復

ノマドといえば、移動する民のように思われるかもしれない。しかしドゥルーズは、ノマドとは動かない民であるという、トインビーの理解に、いくどとなく、賛意を表している。そして「その場での旅」と付け加えもするだろう。

そのような意味でのノマドを地で行くかのように、ドゥルーズは、自らの生まれた場所を、例外的な場合や勤務先の都合による場合は別として、立ち去ろうとはしなかった。そして、パリ十七区のその場所で、身を投げて命を絶ったのである。

この動かない哲学者は、自らの思考を、ほとんど愚直なまでにマイ・ペースで築いていったとしか思われない。しかし、その場での旅は、世界史を、地球の歴史を巻き込むほど広大な規模で、行なわれたのである。その膨大な業績で触れられてあるテーマの多岐にわたること、にもかかわらず、大胆な切断に、そのつど細やかな分析が伴なっていること、それは、いまさらながら驚嘆に値しよう。

ドゥルーズの哲学的思考は、本書でも触れてきたとおり、基本的には、未来へと向けられている。未来の反復の過剰へと、強制されているといってもよい。そのような哲学的方位とあいまって、世界史、地球史への旅を介しつつ行なわれる現状分析には、まだまだ、汲み尽くせぬものがあるはずだ。資本主義と国家装置、戦争機械についての分析はもとより、情報機械についての分析も、もちろん批判的な態度、ニーチェ的な意味での反時代的な態度を失わないまま、さらりと提示してみせる。いったい、こんな哲学者を今世紀は何人もちえただろうか。

未来の反復の過剰を語るとき、ドゥルーズは、作られたもの（作品）が作る者から独立するというあり方を強調していた。また、一度だけ身体とともによみがえるという、キリスト教の正統信仰に対して、何度でもよみがえるというあり方を、クロソフスキーの『バフォメット』のうちに、共感的に読み取ってもいたはずだ。おそらく、死の本能としても語られた未来の反復は、そういったあり方と別ものではないだろう。

ドゥルーズは、何度でもよみがえるはずだ。さまざまな姿をとればとるほど、それだけ激しい強度を持って。彼の著作は、未来の過剰な反復を秘めているのだ。

ドゥルーズ略年譜

一九二五年——一月十八日、パリ十七区に、二人兄弟の第二子として生まれる。以後、職務上の都合による移動を除いては、基本的にその地区に住まいを置く。
エイゼンシュタイン『戦艦ポチョムキン』。

一九三〇年——(4〜5歳) フェリックス・ガタリ生まれる。

一九三二年——(6〜7歳) 地区の学校であるリセ・カルノーの第一一学年（小学校第一学年）に入学。以後、大学入学資格試験まで、そこで学業を修める。
ベルクソン『道徳と宗教の二源泉』刊行。

一九四〇年——(14〜15歳) 六月、パリ陥落。

一九四一年——(15〜16歳) 一月四日、パリの自宅でベルクソン死去。
オーソン・ウェルズ『市民ケーン』。

一九四三年——(17〜18歳) リセの最終学年。リセ・パストゥールにいたミシェル・トゥルニエと知り合う。
サルトル『存在と無』刊行。

一九四四年——(18〜19歳) 八月、パリ解放。パリ大学文学部（ソルボンヌ）に入学。フェルディナン・アルキエ、モーリス・ド・ガンディヤック、ジャン・イポリット、ジョルジュ・カンギレムに師事する。在学中に、フランソワ・シャトレ、ミシェル・ビュトールらと知り合う。

一九四五年――(19～20歳) 五月、ナチス・ドイツ降伏。「女性の記述――性的他者の哲学のために」を『ポエジー』に寄稿。

一九四六年――(20～21歳) 「キリストからブルジョワジーまで」を『エスパス』に寄稿。フランス第四共和制発足。第一次インドシナ戦争開始。
サルトルが『レ・タン・モデルヌ』創刊。

一九四七年――(21～22歳) 高等研究資格論文の対象としてヒュームを選ぶ。指導教官はイポリットとカンギレム。ディドロ『修道女』への序文。
クロソフスキー『わが隣人サド』刊行。

一九四八年――(22～23歳) 哲学の大学教授資格試験に合格。アミアンのリセの哲学教授となる。アントナン・アルトー死去。

一九五二年――(26～27歳) リール大学文学部の助手となっていたミシェル・フーコーと出会う。アンドレ・クレソンとの共著『デイヴィド・ヒューム、生涯、著作、哲学』。

一九五三年――(27～28歳) オルレアンのリセの哲学教授となる。『経験論と主体性』を刊行。スターリン死去。

一九五五年――(29～30歳) パリのリセ・ルイ・ル・グランの哲学教授となる。
レヴィ＝ストロース『悲しき熱帯』刊行。

一九五六年――(30～31歳) 「ベルクソンにおける差異の概念」を『レ・ゼテュード・ベルクソニエンヌ』に発表。ファニー・グランジュアンと結婚。ハンガリー動乱。

クロソフスキー『ディアーナの水浴』刊行。

一九五七年——(31～32歳) ソルボンヌの助手となる。ベルクソン『記憶と生命』を編集・刊行。

一九五八年——(32～33歳) ド＝ゴール内閣成立。第五共和制発足。
レヴィ＝ストロース『構造人類学』刊行。

一九五九年——(33～34歳) ソルボンヌでルソーについての講義を行なう（～一九六〇年）。
ゴダール『勝手にしやがれ』。メシアン『鳥のカタログ』初演。

一九六〇年——(34～35歳) 国立学術研究センターの研究員となる。第一子、ジュリアン誕生。

一九六一年——(35～36歳)「ルクレティウスと自然主義」を『哲学研究』に発表。メルロ＝ポンティ死去。
フーコー『狂気と非理性——古典主義時代における狂気の歴史』刊行。レネ『去年マリエンバートで』。

一九六二年——(36～37歳)『ニーチェと哲学』刊行。フーコーと再会。アルジェリア独立。バシュラール死去。
レヴィ＝ストロース『野生の思考』、エーコ『開かれた作品』刊行。

一九六三年——(37～38歳)『カントの批判哲学』刊行。「カント美学における発生の観念」を『美学雑誌』に発表。フーコー『レーモン・ルーセル』の書評を『アール』に寄稿。
フーコー『臨床医学の誕生』刊行。

一九六四年——(38～39歳)『プルーストとシーニュ』刊行。リヨン大学助教授となる。ニーチェをテーマとしてロワイヨーモンで開かれた国際哲学会に、クロソフスキーらとともに参加する。第二子、エミリー誕生。サルトル、ノーベル文学賞を辞退する。

マクルーハン『メディア論』刊行。

一九六五年――(39~40歳)『ニーチェ』刊行。「クロソフスキーまたは身体=言語」を『クリティーク』に発表。『形而上学および倫理学雑誌』の編集委員となる(~一九七五年)。

クロソフスキー『歓待の掟』『バフォメット』を刊行。

一九六六年――(40~41歳)『ベルクソンの哲学』刊行。フーコー『言葉と物』の書評を『ル・ヌーヴェル・オブセルヴァトゥール』に寄稿する。

ラカン『エクリ』刊行。

一九六七年――(41~42歳)『マゾッホとサド』刊行。トゥルニエ『フライデーあるいは太平洋の冥界』の書評を『クリティーク』に寄稿する。フーコーとの共同編集によるフランス語版ニーチェ全集の刊行開始。

バルト『モードの体系』、デリダ『グラマトロジーについて』刊行。

一九六八年――(42~43歳)『差異と反復』『スピノザと表現の問題』を刊行。この二冊が国家博士号請求論文となる。五月革命。高等教育基本法制定。イポリット死去。

一九六九年――(43~44歳)『意味の論理学』刊行。開学したばかりのパリ第八大学ヴァンセンヌ校の教授に任命される。ガタリと出会う。クロソフスキー、『ニーチェと悪循環』を「ドゥルーズに」という献辞を付けて刊行。

一九七〇年――(44~45歳)『スピノザ』、『プルーストとシーニュ』増補改訂版を刊行。フーコー『知の考古学』の書評「新しい古文書学者」を『クリティーク』に寄稿する。フーコー、『差異と反復』および『意味の論理学』の書評「哲学の劇場」を『クリティーク』に寄稿し、絶賛する。ド=ゴール死去。

バルト『S/Z』刊行。

一九七一年――(45~46歳)フーコーにより設立された刑務所情報集団(GIP)に参加する。

リオタール『ディスクール、フィギュール』、バルト『サド、フーリエ、ロヨラ』を刊行。

一九七二年――(46～47歳)ガタリとの共著『アンチ・オイディプス』刊行。シャトレ編『哲学史』第四巻で「ヒューム」を、同じく第八巻で「構造主義はなぜそう呼ばれるのか」を執筆する。ガタリ『精神分析と横断性』に序文を寄せる。『アルク』ドゥルーズ特集号でフーコーと対談「知識人と権力」を行なう。パリのスリジ・ラ・サールで開かれた会議「今日のニーチェとは?」に、クロソフスキー、リオタール、デリダらとともに参加し、「ノマド的思考」を口頭発表する。

一九七三年――(47～48歳)『アンチ・オイディプス』第二版を、補遺「欲望する諸機械における作動プログラムの総括」を付して刊行。GIPによる報告書『一九七二年の刑務所における自殺』を監修する。ミラノで開かれた会議「精神分析と政治」に参加。

一九七四年――(48～49歳)クロソフスキー、『ガリヴァー最後の御奉仕』を「G・ドゥルーズのための狂言」という副題を付けて刊行。

一九七五年――(49～50歳)ガタリとの共著『カフカ』刊行。フーコー『監獄の誕生』の書評「著述家ではなく、新しい地図作成者」を『クリティーク』に寄稿する。

一九七六年――(50～51歳)ガタリとの共著『リゾーム』刊行。『プルーストとシーニュ』増補改訂版を刊行。ゴダールのテレビ番組に関するインタビュー記事「『6×2』をめぐる三つの問題」が『カイエ・デュ・シネマ』に掲載される。毛沢東死去。

フーコー『知への意志』刊行。

一九七七年――(51～52歳) クレール・パルネとの対話『ドゥルーズの思想』刊行。ガタリとの共著『政治と精神分析』刊行。グリュックスマン一派の新しい哲学者たちに関するインタビュー記事「新しい哲学者たちとより一般的な問題について」が小冊子のかたちで配布される。

ガタリ『分子革命』刊行。

一九七八年――(52～53歳) カルメーロ・ベーネとの共著『重合』刊行。D・H・ロレンス『アポカリプス』(ファニー・ドゥルーズ訳)に序文「ニーチェと聖パウロ、ロレンスとパトモスのヨハネ」を寄せる。

一九七九年――(53～54歳) アントニオ・ネグリ逮捕に関する書簡を『ラ・レプッブリカ』に寄せる。

リオタール『ポストモダンの条件』、ガタリ『機械状無意識』刊行。

一九八〇年――(54～55歳) ガタリとの共著『千のプラトー』刊行。バルト、自動車事故により死去。サルトル死去。アルチュセール、妻を絞殺し、精神病院に送られる。

エーコ『薔薇の名前』刊行。

一九八一年――(55～56歳)『スピノザ』増補版を刊行。『フランシス・ベーコン、感覚の論理』刊行。ラカン死去。

一九八二年――(56～57歳) ネグリ『野生の異例性』フランス語版へ序文を寄せる。

ジーバーベルク『パルジファル』。

一九八三年――(57～58歳)『シネマ 1』刊行。

一九八四年――(58～59歳)『カントの批判哲学』英語版へ序文「カント哲学を要約しうる四つの詩的表現について」を寄せる。「ヤセル・アラファトの偉大」を『パレスティナ研究誌』に寄稿する。フーコー死去。葬儀にあたり弔辞を述べる。

フーコー『快楽の活用』『自己への配慮』刊行。

一九八五年――(59~60歳)『シネマ 2』刊行。シャトレ死去。
一九八六年――(60~61歳)『フーコー』刊行。
一九八七年――(61~62歳) ガタリとともに雑誌『シメール』創刊。パリ第八大学を退官する。
一九八八年――(62~63歳)『襞――ライプニッツとバロック』『ペリクレスとヴェルディ――シャトレの哲学』を刊行。『ジル・ドゥルーズのABC』のヴィデオ作製される。
一九八九年――(63~64歳) ベルリンの壁崩壊。
一九九〇年――(64~65歳)『記号と事件』刊行。アルチュセール死去。
一九九一年――(65~66歳) ガタリとの共著『哲学とは何か』を刊行。肺の機能が停止し人工呼吸器に依存することとなる。湾岸戦争勃発。ソ連邦崩壊。
一九九二年――(66~67歳)『消尽したもの』(ベケットのテレビ放送用シナリオとともに) 刊行。ガタリ、ベーコン死去。
一九九三年――(67~68歳)『批評と臨床医学』刊行。
一九九五年――(69~70歳)『ジル・ドゥルーズのABC』、死後公開という約束にもかかわらず、テレビ放送される。「内在性――ひとつの生……」を『哲学』に寄稿。十一月四日、パリ十七区の自宅アパルトマンより投身自殺。

年譜作成にあたっては、次のものを参照したことをお断りしておく。

Ph. Mengue, *Gilles Deleuze ou le système du multiple*, 1994, Paris.

P. Patton, ed., *Deleuze: A Critical Reader*, 1996, Oxford.

主要著作ダイジェスト　（　）内は原著の出版年。

『差異と反復』財津理訳、河出書房新社、一九九二年（一九六八年）

ヒューム、ベルクソン、ニーチェ、カントについての哲学史的研究や、同じ年に発表した『スピノザと表現の問題』、さらには小説家、M・プルーストについての研究などを踏まえながらも、はじめてドゥルーズ独自の哲学を確立したといえるのが、本書である。ミシェル・フーコーにより絶賛されたこともあって、構造主義以降の代表的思想家として、ドゥルーズの名を知らしめることにもなった。

同一性と表象＝再現前化（représentation）を軸として展開されてきた西洋の哲学的思考を、差異と反復というまったく異質な概念対によって組み替えようとする。差異をそれ自体において肯定しようとすれば、どうして反復をそれ自体として肯定せざるをえなくなるのか。このテーマをめぐって、本書は展開されるといってよい。

重要な手掛かりとして、時間の問題がとりあげられており、時間の綜合が現在中心の綜合、過去中心の綜合、未来中心の綜合という順に検討され、それがそのまま、差異と反復の一体化への諸段階とされている。

理念という、伝統的な哲学でおなじみの用語は、本書では、問題的なものそのものの審級として捉えられ、多様性というあり方に即して理解されていく。感性もまた、強度という点から捉え直されることにより、差異と反復の哲学へと組み込まれていくだろう。

同一性と表象＝再現前化の思考の前提となる、思考のイマージュの検討も、哲学にとって不可欠の仕事として遂行されるなど、同書全体が、みごとなまでに差異と反復をめぐって展開され、貫徹されている。存在論的には、一義的な存在の開かれにおいて、存在者がノマド的に配分されるという立場に立つ。この立場は、ドゥルーズによれば、スピノザとニーチェにつらなるものだ。

『アンチ・オイディプス』(ガタリとの共著) 市倉宏祐訳、河出書房新社、一九八六年(一九七二年)

欲望を、否定性抜きに全面的に肯定しようとする立場から、無意識と社会の問題にアプローチしようとしたのが、本書である。『資本主義と分裂症』第一巻として書かれ、フェリックス・ガタリとの共同著作の記念すべき第一号ともなった。

本書によれば、従来の欲望理解は、欠如の相のもとに置かれていたという。すなわち、欠如したものを獲得しようとするのが欲望の根本特性と見なされてきたとするのである。フロイトも例外ではない。無意識の欲望により生産されるのは、実在に欠けているかぎりでの幻想とされるのだし、無意識の欲望が経由するはずの去勢幻想も、欠如が威圧的な相のもとに現われるものにほかならないからだ。これに対して、ドゥルーズとガタリは、あくまで実在的な生産過程を、欲望のうちに見て取ろうとする。こうして欲望は、多様性を形作る過程として肯定されることになるだろう。

本書で注目されるのは、欲望を機械としてとらえ、無意識を欲望する機械の組み立てからなる工場として理解しようとする態度である。欲望する機械と、技術機械、社会機械との間には、体制の違いこそあれ、本性の差異はないものとされるだろう。欲望する機械は、家族の中に閉ざされる以前に、すでに社会機械および技術機械と交通するものと見なされるのだ。

このような見方からすると、精神分析の立場は、あらゆる人間にオイディプス・コンプレックスを想定することにより、無意識の欲望する生産を、父と母と子という家族の三角形のうちに、無意味に閉じ込めようとするものとしか映らない。こうして、無意識は幻想をこととする劇場と見なされてしまうだろう。本書は、そのようなオイディプス化を執拗に攻撃する。

欲望する生産が、社会や技術の歴史と密接な関連のうちにあるとすれば、社会体のあり方も、その関連のありようによって、変化するはずだ。こうして、領土機械としての未開社会、専制君主機械としての野蛮な帝国社会、資本主義機械としての文明社会が、三つの主要なあり方として導き出される。資本主義の時代を通過することではじめて、欲望する生産は、その本来の分裂症的な姿を露呈していくだろう。ドゥルーズとガタリが無意識の欲望のあり方をあばく作業をスキゾ（分裂状）分析と呼び、精神分析に代えようとするのは、それによる。

『千のプラトー』（ガタリとの共著）宇野邦一・小沢秋広・田中敏彦・豊崎光一・宮林寛・守中高明訳、河出書房新社、一九九四年（一九八〇年）

『アンチ・オイディプス』の続篇として書かれ、『資本主義と分裂症』第二巻にあたる。当初は『スキゾ分析』として出されることになっていたが、八年も間をおいたうえに、本書のようなかたちになったのは、ひとつには、構想が、ほとんど爆発寸前にいたるまでにふくらんでいったことを示しているだろう。それほどに、多岐にわたるテーマが、たいへんな広がりとともに扱われている。

　プラトーとは、文字どおりには、高地、高原という意味だが、ここでは、ベイトソンから借りられたものとして、さまざまな強度の連続する帯域をさす。そのようなものとして、ひとつひとつのプラトーは、超越的もしくは外在的目的に統括されない内在性の平面、生成をささえ強化する共立平面を形づくる。ドゥルーズとガタリは、本書を複数のプラトーからなるリゾーム（根茎）として書いたという。その言葉のとおりに、本書の一章一章は、ひとつひとつのプラトーとして書かれている。

　それぞれのプラトーには、日付が付されている。第七プラトーは、「零年――顔貌性」、第十二プラトーは、「一二二七年――ノマドロジーあるいは戦争機械」という具合にだ。零年というのは、キリストが生まれたとされる年、一二二七年というのは、ジンギス・カンの死の年である。

　音楽から文学、地質学から国家にいたるまでの、ほとんど宇宙的な広がりをもつ本書に中心的なテーマをもうけることなどできるはずもないが、『アンチ・オイディプス』

との関連で注目されるのは、やはり、戦争機械と国家装置の二つの組み立てによる二分法だろう。世界史の読みに、『アンチ・オイディプス』は、領土機械、専制君主機械、資本主義機械という直線的図式を持ち込んだが、本書では、むしろそのような二分法が前面に出てくるのだ。いずれにせよ、両書においては、家族と国家の閉域に囲いこまれない、ノマド的なあり方が探られるのではあるけれども。

『プルーストとシーニュ』宇波彰訳、法政大学出版局、一九七七年（一九七六年）

本書の初版は一九六四年であるが、その後、増補改訂版が二度にわたり出されている。ここでは、その二度目にして最終的な版を挙げておこう。その理由は、これが決定版にあたるからというだけではなく、ドゥルーズの思想の微妙な移り行きが示されているからでもある。これは、とりわけドゥルーズの場合、貴重なことだろう。なぜなら、ほかのどの思想家とも違って、この哲学者の著作には、先行する自作への指示がいっさい欠けているからだ。したがって、そのつどの著作で打ち出される概念なり見方なりが、先行著作とどのように関係するかは、読者の思考にゆだねられることになる。

ドゥルーズは、ガタリとの出会いによって変わったとは、よくいわれるところだ。ガタリとの出会いがはっきりとした姿で現われるのは、『アンチ・オイディプス』においてであるが、『プルーストとシーニュ』の最初の増補改訂版（一九七〇年）に付加された「アンチロゴスまたは文学機械」には、その出会いとドゥルーズなりの受け止め方が、かなり明確なかたちで現われている。そして本決定版に付加された「狂気の現存と機能――クモ――」には、『アンチ・オイディプス』以後の立場が示され、初版の基本的な立場を入れると、三段階にわたる思想が凝縮されているわけだ。

結局、この最終的なかたちでは、初版が第一部「シーニュ」、二度にわたり付加された部分が第二部「文学機械」

に収められることになった。すなわち、第一部では、『差異と反復』に関連する思考が、第二部では、『アンチ・オイディプス』と『千のプラトー』に関連する思考が、プルーストという魅力的な光学機械をとおして語られるのだ。

　ドゥルーズの思想の全体が、「プルーストと哲学」といったおもむきを呈する。八〇年代以降も、その思考に新しい要素が加えられるたびに、ドゥルーズは、自らに問いかけるように、プルーストを参照するだろう。その意味でもプルーストは、もっとも特権的な作家だったのである。

『シネマ』全二巻、未邦訳（第一巻が一九八三年、第二巻が一九八五年）

　八〇年代に入って以降の主要著作は、残念ながら、すべて未邦訳である。その中から、ひとつだけ挙げよといわれたら、躊躇《ちゅうちょ》なく、本書を選ぶだろう。質・量ともに充実しているからというだけでなく、驚くほど多くの映画を縦横に論じ分けた魅力的な著作ともなっているからだ。

　全体は、ベルクソン哲学の注釈を差し挟みながら展開する。もうひとつの軸としては、パースによる記号の分類が参照されていくが、ドゥルーズ自らがその分類の流動性を語る以上、重心は明らかにベルクソンにあるといってよい。基本的な三つのレベルは、ベルクソンから抽出される。まず、閉じたシステムにおける不動の断片、次に、動的断片としての運動イマージュ、第三に、開かれた全体としての時間イマージュという具合にだ。そして、これら三つのレベルが、映画に関するフレーム、ショット、モンタージュに対応するものとされている。

　本書の第一巻は運動イマージュに、第二巻は時間イマージュに、それぞれ捧げられているが、それはおおむね、映画の歴史に沿ったものといえるだろう。なぜなら、戦前の映画では、運動イマージュが優勢であり、戦後の映画では時間イマージュが優位に立つと見なされているからだ。

　映画が十九世紀末に始まったものである以上、映画の歴史をたどることは、ある意味で、二十世紀という時代をたどることでもある。また、本書で映画作家が、なによりも思考する存在として捉えられていることを考えあわせるなら、本書は、二十世紀のきわめて生き生きとした思考の歴史、いやむしろ思考の発生をたどったものということもできるだろう。遅くとも、今世紀中の邦訳が待たれる書物といってよい。

キーワード解説

差異 différence

ドゥルーズの哲学形成において、差異の概念が注目されはじめるのは、ベルクソンを読みこむなかであった。ここで差異というのは、それ自体における差異、それ自体に関する差異である。このような差異という観点から、ベルクソンの主要概念である持続、記憶、エラン・ヴィタールが解釈されていく。すなわち、持続とは、自己との差異であり、記憶とは、差異のさまざまな程度の共存であり、エラン・ヴィタールとは、差異の分化であるという具合にである。

この差異の概念が、ニーチェと出会うことにより、強度、力という観点を明確に組み込んだものとなっていく。こうして、差異の力とは、まさしく分散と脱中心化にあるものとされるのだ。

差異の思考が、弁証法的な思考と相容れないものであることを、ドゥルーズは強調する。たとえばヘーゲルの弁証法では、差異は、否定と対立に還元されてしまう。BはAと異なる（差異をもつ）とされるかわりに、Bは非Aとして、Aと対立するとされるからである。プラトンの弁証法では、もっと事情は複雑であるにせよ、同一性は善、差異性は悪であるというかたちで、差異は、善悪の対立によるヒエラルキーに組み伏されてしまうだろう。そうではなく、差異は、あくまで純粋な肯定の対象とされるのだ。差異が新しさと不可分なものであることも忘れてはなるまい。差異の思考とは、創造性の思考そのものなのだ。

反復 répétition

反復は、差異と一体のものとして思考される。それはドゥルーズ哲学の最大の特徴をなすだろう。同一的な反復として、物質の裸の反復が想定されてきたし、またこれからも想定されるかもしれない。その際、物質は、差異をもたらさない反復のモデルとされている。同一的な反復から、どのようにして差異が生まれるのか。そこから生まれる問いとは、そのようなものだろう。しかし、同一的な反復から差異の生成をたどる過程それ自体のうちに、差異と不可分なかたちでの反復が、すでに想定されているとすればどうだろうか。

『差異と反復』の白眉のひとつである時間の綜合を扱う箇所が、あぶり出そうとする事態とは、そのようなものだろう。現在、過去、未来という、それぞれを主とする受動的綜合は、反復の観点からすると、差異を抜き取る反復、差異を含む反復、差異を作る反復という具合に段階づけられていく。その段階は、根拠づけられる反復、根拠づける反復、脱根拠化の反復の諸段階でもある。この段階は、差異と反復の一体化への段階にほかならない。結局のところ、裸の反復などはなく、着衣の反復があるばかりなのだ。素顔なき、仮面の反復があるばかりだといってもよい。差異と一体化し、差異を強化する反復、それは置き換えと偽装を根本的なあり方とするものなのだ。

強度　intensité

質的差異とは異なる量的差異として、しかも外延量とは異なる内包量として、規定される差異。ドゥルーズは、強度について、その特徴を三つ挙げている。まず、即自的な差異。次に、差異の肯定。第三に、巻き込み（implication）である。

巻き込みとは、巻き込みつつ巻き込まれているというあり方を指す。すなわち、強度とは、差異のより深い境位を意味するのであり、差異と不可分に肯定される反復もまた、強度的なものとして理解されている。この点で、ドゥルーズは、P・クロソフスキーとともに、ニーチェの永遠回帰を強度と関連づけるといってよい。また、強度は、必然的に多様体を構成するものと見なされている。

多様体（多様性） multiplicité

一にも多にも還元されないものとしての多様体もしくは多様性は、十九世紀の末以降、あたかもリーマンの多様体に呼応するかのように、何人かの哲学者によって考察されてきた。なかでも、多様体の思考をもっとも推し進めたのはベルクソンだったが、質的な差異を強調するベルクソンに対して、ドゥルーズは強度の差異を優先させる。

質、そして延長は、あくまで強度的差異が外延化された結果でしかない。強度的差異の多様体は、潜在的なものと見なされるだろう。潜在的なものの顕在化が、分化＝差異化という過程をたどることも、ドゥルーズは強調する。この分化の特徴は、分化のたびごとに、本性の差異を生じさせるということだ。そしてこのような分化＝差異化を導くのは、あくまで、強度の作用としての個体化なのである。ドゥルーズ的実在は、どこまでも強度的差異からなる潜在的多様体を去ることはない。

器官なき身体 corps sans organes

アントナン・アルトーから借りられた言葉。ドゥルーズは、さまざまな意味合いを込めてこの言葉を用いる。あるときは、欲望する生産の登録される支持体として、またあるときは、強度がそれによって測られるところの強度＝ゼロとして、あるときは、強度の母胎として、さらにあるときは、多様体においてそのつど諸部分のかたわらにあるものとして生み出される全体として、またあるときは、生命のもっとも原初的な要素として、などなどといった具合だ。『千のプラトー』では、内在平面もしくは共立平面とほとんど区別されないものとして使われもするだろう。そうであるかぎり、超越的なものを要請することなく、生成をささえ、強化するという側面が重視されることにもなる。いずれにせよ、器官なき身体は、器官の不在によって定義されるのではなく、むしろ器官の過剰によってこそ定義されるものであることを忘れてはなるまい。

欲望する生産 production désirante

無意識における欲望する諸機械によって行なわれる生産。生産の生産もしくは接続的綜合、登録の生産もしくは離接的綜合、消費の生産もしくは連接的綜合という、三つの受動的綜合のかたちで行なわれる。欲望する生産は、結局のところ、強度的多様体を形づくる。登録の生産の段階で関与する器官なき身体は、この強度的多様体と不可分の関係をもつ。

　社会や技術も、欲望する生産との関係において考察される。社会機械と技術機械は、欲望する機械と本性の差異をもつわけではなく、体制の差異をもつだけなのだ。無意識は、あくまで欲望する機械からなる工場と見なされるだろう。精神分析が考えるような幻想にかかずりあうような劇場ではないのである。

機械状論　machinisme

　機械論と生気論をともに超える立場をいう。モル的で統計学的な立場、いいかえるとマクロな立場からすれば、機械論と生気論は、たがいに還元できないほどの対立関係に立つ。しかし分子的なミクロの立場からすると、逆に、機械と生命とは、区別するのが無意味なものとなる。機械状論とは、このように機械と生命との区別を無意味にするような立場のことなのだ。

　『千のプラトー』で提示される機械圏の思想の根底には、この機械状論があると見てよい。したがって、機械圏は、リゾーム圏という生物から発想された思想と、異なるわけではない。機械圏は、組み立てと抽象機械からなる。組み立ては、さらに言表行為の組み立てと機械状の組み立てからなるだろう。抽象機械は、共立平面と不可分なものとして、生成と逃走線をささえ強化するはずのものと見なしうる。

ノマドロジー　nomadologie

　ノマド的とは、『差異と反復』では、同一性と表象＝再現前化に服するかぎりでの存在の配分をつかさどる定住的あり方に対して、差異と反復とからなる、位階化されない一義的存在のアナーキーな配分のあり方をさすものだった。『千のプラトー』では、ノマド（遊牧民）が作り出した戦争機械との関連で、世界史的広がりの中に置かれることになる。戦争機械は、国家装置とともに、二つの主要な組み立てをなす。戦争機械が、死と破壊をもたらす戦争となるのは、国家装置に組み込まれることによってでしかない。戦争機械は、むしろ、生成と逃走線を描くための武器として、狭義の政治だけでなく、芸術や思考においても効力を発揮するだろう。戦争機械は、その点で、国家装置よりもはるかに抽象機械に近く、だからこそ装置ではなく、機械と呼ばれるのだ。

ノマドロジーとは、ドゥルーズとガタリにより明確に定義されているわけではないにせよ、戦争機械によるノマド的なあり方のことと見て間違いあるまい。

スキゾ分析 schizo-analyse

精神分析に代えて、『アンチ・オイディプス』で提唱されたもの。スキゾ（分裂状）分析と呼ばれるのは、分裂症的過程が、無意識における生産をもっともよく示すと考えられるからだ。スキゾ分析の仕事には、消極的側面と積極的側面がある。消極的側面とは、無意識における生産、すなわち欲望する生産にまつわる誤用や誤謬推理から、あやまって無意識に持ち込まれたものを払いのけるという仕事をさす。すなわち、オイディプス・コンプレックスや、超自我、罪責感、法律、去勢といったものを破壊する仕事だ。

積極的な側面には、二つある。ひとつは、欲望する諸機械について、その本性、形成、作動を見出していくという仕事。いまひとつは、欲望の社会性にかかわる仕事だ。後者について、ドゥルーズとガタリは四つの命題を掲げている。まず、欲望の備給のすべてが社会的なものだということ。第二に、社会的備給において、無意識的な備給と前意識的な備給を区別するということ。無意識的な備給は集団もしくは欲望にかかわるのに対して、前意識的な備給は階級もしくは利害にかかわるからだ。第三に、社会野への欲望の備給は、家庭への備給に優先するということ。第四に、社会的な備給には、パラノイア的、反動的、ファシズム的な極と、分裂症的で革命的な極との、二極が区別されねばならないということ。パラノイア的な極では、従属が欲望され、分裂症的な極では、従属からの逃走が欲望されるからだ。

内在平面　plan d'immanence

ガタリとの最後の共著『哲学とは何か』において、ドゥルーズは、概念と内在平面と概念的登場人物を、哲学に固有の三つの要素として提示することになった。科学に固有の三要素は、関数、指示平面、部分的観察者、芸術に固有の三要素は、感覚、合成平面、感性的人物像であり、哲学、科学、芸術は、それぞれに固有の三要素によって、明確に区別されることになるのである。内在平面とは、カオスに直面しつつ描かれる平面のことで、概念の条件ともなるべきものだ。『千のプラトー』をはじめ、ドゥルーズは、いくつかの著作で、内在平面という語を使ってきた。興味深いのは、『哲学とは何か』で、この語が新たに、かつ明確に規定されるとともに、それまでの他のいくつかの用語が、この内在平面と関連づけられることだ。思考のイマージュ、器官なき身体、抽象機械、スピノザの実体、運動イマージュといった用語が、内在平面と同義のものとして捉え直されるか、もしくは捉え直されることが可能になるのである。

読書案内

ドゥルーズとその思想を扱った邦語文献（単行本）は、まだ少ない。まず翻訳書として、次の二冊を挙げておく。マイケル・ハート**『ドゥルーズの哲学』**（原著は一九九五年、田代真・井上摂他訳、法政大学出版局、一九九六年）フランソワ・ズーラビクヴィリ**『ドゥルーズ・ひとつの出来事の哲学』**（原著は一九九四年、小沢秋広訳、河出書房新社、一九九七年）

前者は、ベルクソンの存在論、ニーチェの倫理学、スピノザの実践哲学により、ドゥルーズは自らの哲学をたたき上げていったとする、いわば哲学者の固有名による説明である。これに対して、後者は、ドゥルーズの主要な用語をめぐって、自由に、しかしある種の一貫性をもって、再構成したというおもむきをもつ。いずれも、ある種の水準に達したものといえるが、原著自体は薄いものであり、ものたりなく思う読者もいるかもしれない。むしろ、次のもののほうが読みごたえがあるかもしれないので、挙げておく。

宇野邦一編**『ドゥルーズ横断』**（河出書房新社、一九九四年）

ここには、ドゥルーズ自身のシャトレ論『ペリクレスとヴェルディ』（全訳）が収められているほか、ネグリ、バディウや日本の論客などが、ドゥルーズに論をささげている。興味深いのは、ドゥルーズによるデッサンが七枚、図版として付けられていることだ。このデッサンは、『シメール』のガタリ追悼号に寄せられたものである。ドゥルーズは、余生は絵を描いて暮らしたいともらしていたという。老年期に画家に転身したクロソフスキーのことが念頭にあったのかもしれない。

わが国の代表的なドゥルーズ語りの著書も、一冊ずつ挙げておこう。

浅田彰『**構造と力**』（勁草書房、一九八三年）
宇野邦一『**D 死とイマージュ**』（青土社、一九九六年）

前者は、構造主義とポスト構造主義についての展望の中に、ドゥルーズを位置づけている。わが国八〇年代のニューアカ・ブームの火付け役ともなった作品だ。後者は、ドゥルーズの死の翌年にまとめられただけに、その追悼というおもむきももつ。ドゥルーズに身近に接した著者ならではの著作といえる。両著者ともに、早くからドゥルーズ哲学を体内化した活動は、よく知られているとおりだろう。浅田氏は、機械仕掛けの概念という、また宇野氏は、不穏な優しさという、それぞれにドゥルーズ的な一面を展開しているように思われるのだが、どうだろうか。

現代思想の中でのドゥルーズを扱ったものとして、次の二冊を挙げておく。

市倉宏祐『**現代フランス思想への誘い**』（岩波書店、一九八六年）

クリスチャン・デカン『**フランス現代哲学の最前線**』（講談社現代新書、廣瀬浩司訳、一九九五年）

前者は、『アンチ・オイディプス』を中心とした論著である。『アンチ・オイディプス』の邦訳者自身による、ていねいな解説書という側面ももつ。後者は、現代新書のために書き下ろされたもの。九〇年代になって書かれただけあって、ドゥルーズとガタリの最後の著『哲学とは何か』まで射程に入っているのがいい。日本語で読めるフランス現代思想全般の解説書としても、現時点では最良の書と思われる。

ガタリの著作も忘れてはなるまい。

『**精神分析と横断性**』（原著は一九七二年、杉村昌昭・毬藻充訳、法政大学出版局、一九九四年）
『**機械状無意識**』（原著は一九七九年、高岡幸一訳、法政大学出版局、一九九〇年）
『**闘走機械**』（原著は一九八六年、杉村昌昭監訳、松籟社、

一九九六年）

ドゥルーズとの共同著作以前、共同著作に入って以後、共同著作が中断する八〇年代から、その順に一冊ずつ挙げておく。『精神分析と横断性』では、「機械と構造」の章が、ドゥルーズによりながら書かれているだけに注目される。『機械状無意識』では、一年後の『千のプラトー』と重複する部分が多いけれども、後半の第二部を占めるプルースト論は、力作だろう。『闘走機械』は、短い文章を集めたもの。時事的な発言が多いだけに、それだけなまなましく読めるのが、みそだ。ガタリの文章は、率直で読みやすく、ドゥルーズとの共著のわかりにくいところにも、思わぬ光を当ててくれることがある。

ついでながら、ドゥルーズへのインタビューを収めたものも挙げておこう。

『**ドゥルーズの思想**』（原著は一九七七年、田村毅訳、大修館書店、一九八〇年）

ドゥルーズ『**記号と事件**』（原著は一九九〇年、宮林寛訳、河出書房新社、一九九二年）

特に後者は、自著の中で明示的には過去の自作を振り返らないドゥルーズにしては珍しく、自作のあれこれについて語ってもいる。ドゥルーズ入門書として、まず読まれるべき一書かもしれない。

クロソフスキーから一冊挙げるとしたら、やはりニーチェ論だろう。文字どおり、ドゥルーズに捧げられている。

『**ニーチェと悪循環**』（原著は一九六九年、兼子正勝訳、哲学書房、一九八九年）

世界史においてノマド（遊牧民）を評価するのは、ドゥルーズとガタリだけではない。立場は異なるけれども、参考までに、次の二著を挙げておく。

梅棹忠夫『**文明の生態史観**』（中央公論社、のちに中公文庫、一九七四年）

岡田英弘『**世界史の誕生**』（筑摩書房、一九九二年）

前者は、ノマドの攻撃から身を守ることのできた西欧と日本で、近代化が達成されたことに注意を促す。後者は、ノマドこそが世界史を作ったのだとする。この二人の立場に対して、ドゥルーズとガタリは、どう答えるだろうか。

　分裂症に関しては、ベルクソニアンの立場から書かれた次の著作の一読をお勧めする。

ウジェーヌ・ミンコフスキー『**精神分裂病**』(原著は一九二七年、村上仁訳、みすず書房、一九五四年)

　現実との生ける接触を喪失した病的合理主義として分裂症を見るその立場は、同じくベルクソニアンでありながら、ドゥルーズとの極端な違いを示していて、興味深い。

　単行本ではないが、雑誌の特集でも、ドゥルーズは取り上げられている。特に『現代思想』(青土社)は、書店によってはバック・ナンバーがそろっているので、参考までに挙げておこう。

『現代思想』一九八二年十二月号

『同』一九八四年九月臨時増刊号

『同』一九九六年一月号

　最後に、拙著からも一冊。

『**漂流思考**』(弘文堂、一九八七年、講談社学術文庫で近刊予定)

　構造主義・ポスト構造主義についてのぼくなりの展望の中で、ドゥルーズも位置づけておいた。本書『ドゥルーズ』では、そのような見方を取らなかったので、あえて挙げておく。

あとがき

ショーペンハウアーは、自分の読者を何人か、自殺へと駆り立てながら、自らは、食後にフルートを奏でたりなどして、人生をまっとうしたという。これもまた、困った存在かもしれないが、ドゥルーズのように、どちらかといえば読者を元気づけながら、自ら命を絶ってしまう、これはこれで困った存在だといえるのではないか。元気づけられた読者が途方に暮れかねないからだ。

でも、ショーペンハウアーにせよ、ドゥルーズにせよ、大きなお世話というほかあるまい。ほんとうに元気づけられたのなら、繰り返し読んで元気づけられればいいのだし、悲観主義的な本を読んで死ぬ気になったのなら、それはそれで仕方のないこと。

そんなことをここに綴るのは、死にそうなほどハードなスケジュールで本書を書き上げたにもかかわらず、もっともっと、この哲学者を読まねばならないという気持が絶えなかったからだ。もちろん、そこには、十分に理解しきれていないという反省も混じってはいる。しかし、ドゥルーズが提示した諸概念の共鳴状態のようなものは、繰り返し読むことで、やはり繰り返しその強度とともに感得するほかないもののように思われるのだ。

その一方で、この哲学者には、分裂症的ともいえる枚挙癖がある。一、二、三……と彼自ら枚挙する項目をコメントしつつ、その哲学の分岐しつつ展開する跡を追うだけでも、けっこうおもしろいドゥルーズ論が書けるかもしれない。そんなことなど考えたりもしたが、ここは、おとなしく、できるだけ年代順に書いていくことにした。枚挙のダイナミズムについては、やはり各人、興味をひかれた著作にあたっていただくほかない。

ドゥルーズのことをあれこれ調べる過程で、ジル以外に二人のドゥルーズが見つかったことを、こぼれ話として、しるしておこう。ひとりは、フランス版人名録（フーズ・フー）にあった、ジルと同年生まれの医学者。もうひとりは、フランスの古い哲学事典にあった十八世紀の哲学者である。

ちなみに、どちらの文献にも、ジル・ドゥルーズの名はない。後者の文献には、なくて当然だが、前者、すなわち人名録にないのは、不思議ではある。推理をたくましくすれば、私的な情報の提供をいやがったのかもしれない。後者、すなわち哲学事典にあった同姓の哲学者は、ひょっとして先祖に当たる人かも……。いずれにせよ、こちらも推理をかきたてる。

自らの哲学によって死ぬ気にさせるのではなく、執筆ののろまな足取りによって、編集者や身近な存在を死ぬ気にさせるのは、最低の存在だと思う。わかってはいても、その最低の人間をまたしても演じてしまったような気がする。ぼくの原稿を担当していただいた宇田川眞人さんと稲吉稔さんには、たびたび京都と大阪に足を運んでいただいた。あらためてお礼とお詫びを申し上げたい。また、宇野邦一さんには、お忙しいなか、相談にのっていただいた。ここに謝意を表したい。

そして最後に、学生時代からのドゥルーズ病の生き証人である妻の紀代子に、まず本書を捧げたいと思う。予定では、夏休み前に書き上げるつもりが、あれよあれよという間に、夏休みに食い込んでしまった。家族旅行を兼ねて、久しぶりに那智の滝をお参りに行くつもりだったのに。おかげで、ドゥルーズと滝がひとつになった一行詩ができてしまった。しるして、ドゥルーズへのぼくなりの銘としたい。

身を投げて、哲学の、笑《え》みのこす（哲学者投身の滝）

一九九七年夏

篠原資明

〔ワ　行〕

〔アルファベット〕

〔マ　行〕

〔ヤ　行〕

〔ラ　行〕

〔ハ　行〕

〔ナ　行〕

〔タ 行〕

〔サ　行〕

〔カ 行〕

索　引

人名・書名・事項を一括して，五十音順に配列した。『　』は書名・雑誌名，「　」は論文名・講演名等を示す。

〔ア　行〕

篠原資明（しのはら　もとあき）
一九五〇年生まれ。京都大学文学部卒業。同大学院博士課程修了。専攻は哲学・美学。京都大学大学院人間・環境学研究科教授。詩人。
著書に『言の葉の交通論』（五柳書院）『トランスエステティーク』（岩波書店）『心にひびく短詩の世界』（講談社現代新書）など。詩集に、『さい遊記』『サイ遊記』『滝の書』（思潮社）『物騒ぎ』『水もの』（七月堂）など。

N. D. C. 080　280p　20cm

現代思想の冒険者たち　Select
ドゥルーズ——ノマドロジー

二〇〇五年一二月一五日　第一刷発行

著者——篠原資明《しのはらもとあき》

発行者——野間佐和子
発行所——株式会社講談社
東京都文京区音羽二丁目一二—二一
〒一一二—八〇〇一
電話（編集部）〇三—三九四三—二六一二
（販売部）〇三—五三九五—三六二四
（業務部）〇三—五三九五—三六一五
印刷所——株式会社東京印書館
製本所——株式会社大進堂
ISBN4-06-274361-2　Printed in Japan
定価はカバーに表示してあります。

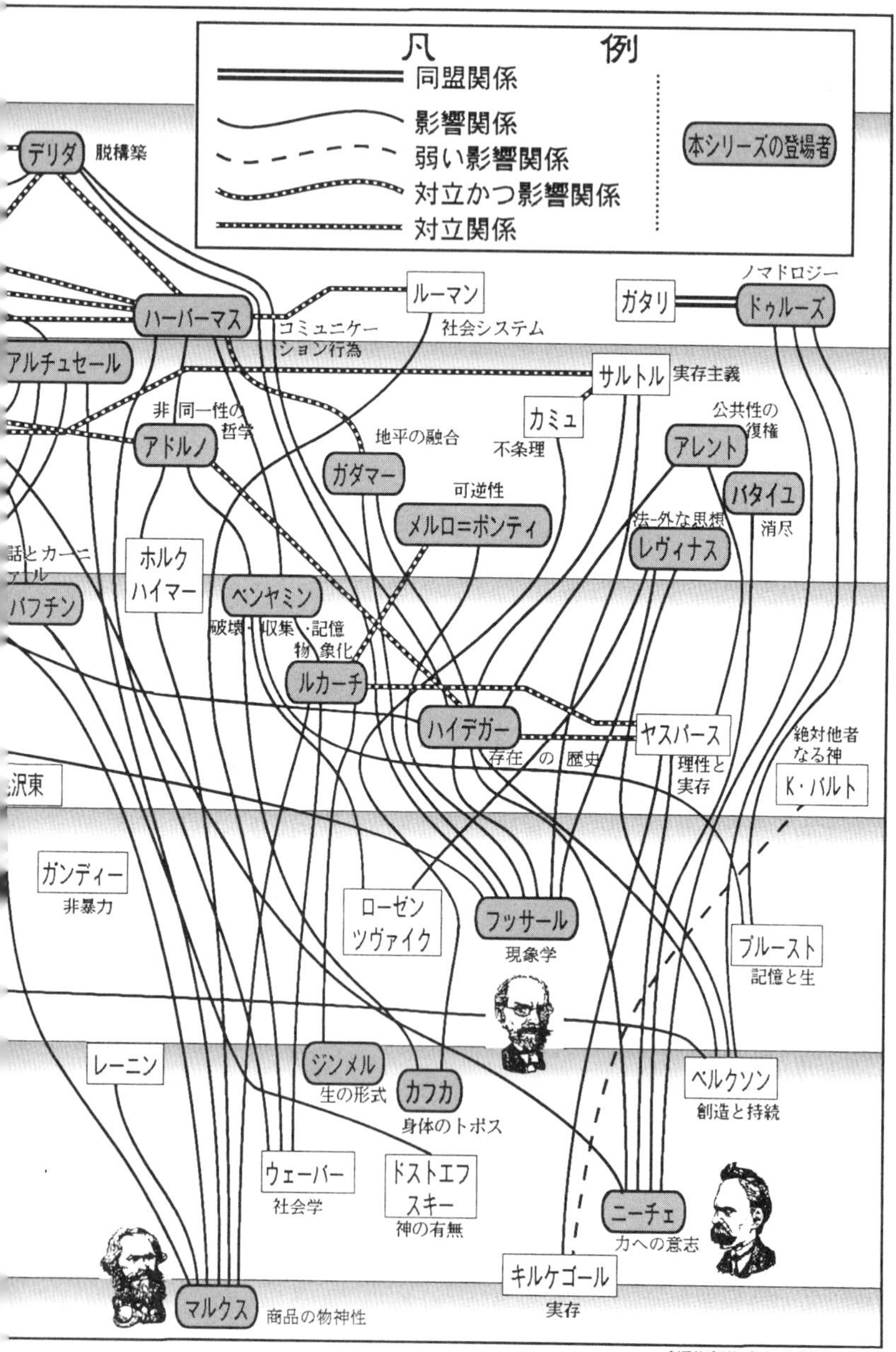
凡　例
同盟関係
影響関係
弱い影響関係
対立かつ影響関係
対立関係
本シリーズの登場者
デリダ
脱構築
ハーバーマス
コミュニケーション行為
ルーマン
社会システム
ガタリ
ドゥルーズ
ノマドロジー
アルチュセール
サルトル
実存主義
カミュ
不条理
非同一性の哲学
アドルノ
地平の融合
ガダマー
公共性の復権
アレント
バタイユ
消尽
可逆性
メルロ=ポンティ
法-外な思想
レヴィナス
話とカーニバル
バフチン
ホルクハイマー
ベンヤミン
破壊・収集・記憶
物象化
ルカーチ
ハイデガー
存在の歴史
ヤスパース
理性と実存
絶対他者なる神
K・バルト
沢東
ガンディー
非暴力
ローゼンツヴァイク
フッサール
現象学
プルースト
記憶と生
レーニン
ジンメル
生の形式
カフカ
身体のトポス
ベルクソン
創造と持続
ウェーバー
社会学
ドストエフスキー
神の有無
ニーチェ
力への意志
キルケゴール
実存
マルクス
商品の物神性

[編集部作成/改訂版/1999. 1]

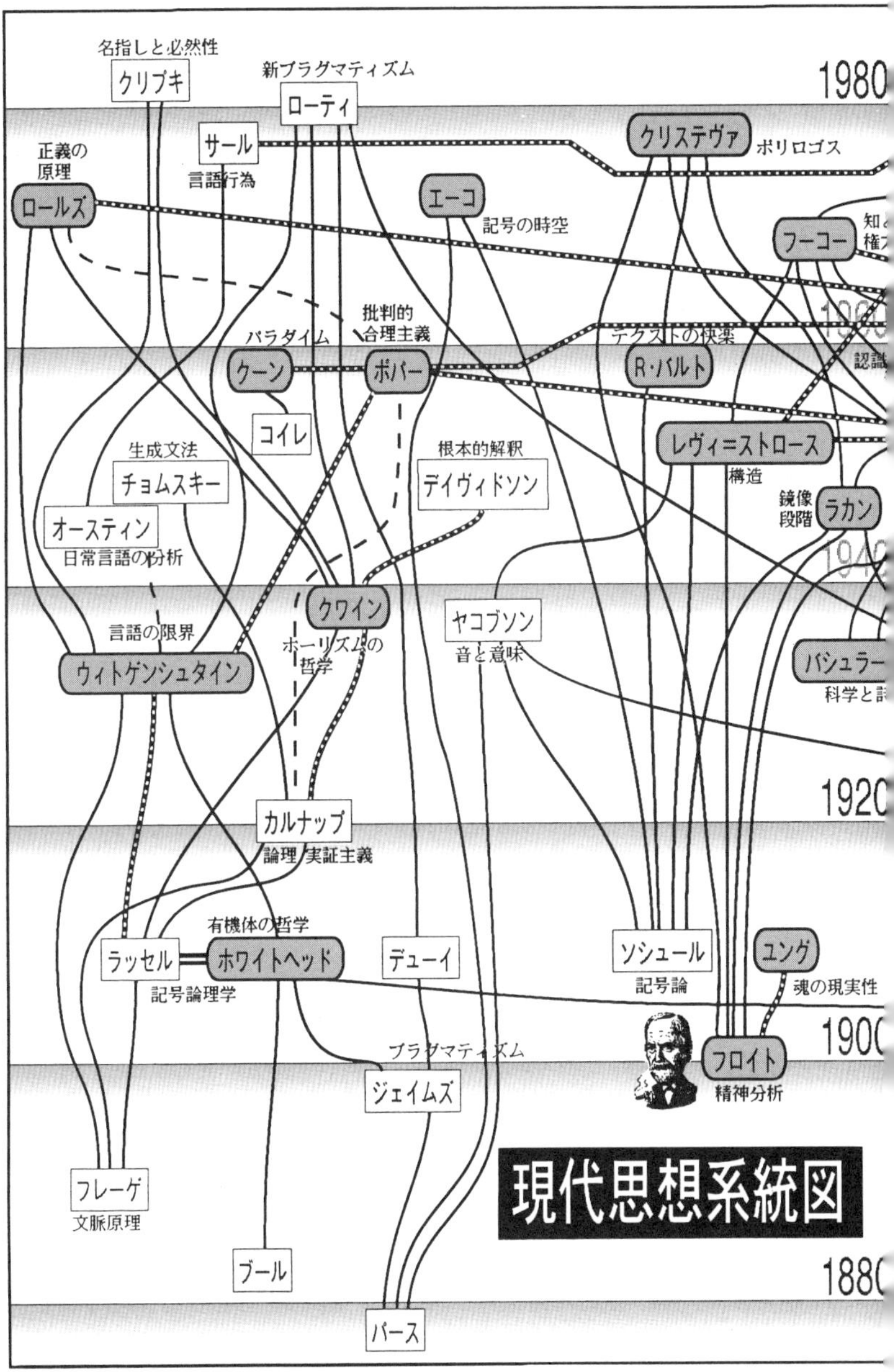

現代思想系統図
1980
1920
1900
1880
名指しと必然性
クリプキ
新プラグマティズム
ローティ
サール
言語行為
正義の原理
ロールズ
クリステヴァ
ポリロゴス
エーコ
記号の時空
フーコー
批判的合理主義
パラダイム
クーン
ポパー
テクストの快楽
R・バルト
コイレ
生成文法
チョムスキー
オースティン
日常言語の分析
根本的解釈
デイヴィドソン
レヴィ=ストロース
構造
鏡像段階
ラカン
クワイン
ホーリズムの哲学
ヤコブソン
音と意味
言語の限界
ウィトゲンシュタイン
カルナップ
論理実証主義
有機体の哲学
ラッセル
ホワイトヘッド
記号論理学
デューイ
ソシュール
記号論
ユング
魂の現実性
フロイト
精神分析
プラグマティズム
ジェイムズ
フレーゲ
文脈原理
ブール
パース